Josep Maria Esquirol

Menschliches, noch Menschlicheres

Eine Anthropologie der unendlichen Verletzung

Aus dem Katalanischen übersetzt von An-Magritt Ahn

Meiner

Die Originalausgabe erschien 2021 unter dem Titel *Humà, més humà: Una antropologia de la ferida infinita* bei Quaderns Crema (Acantilado), Barcelona. Wir danken dem Verlag für die Einräumung der Übersetzungsrechte und dem Institut Ramon Llull für die Förderung der Übersetzung.

Bibliographische Information der Deutschen Nationalbibliothek

Die Deutsche Nationalbibliothek verzeichnet diese Publikation in der Deutschen Nationalbibliographie; detaillierte bibliographische Daten sind im Internet über ‹https://portal.dnb.de› abrufbar.

ISBN 978-3-7873-4484-0

ISBN eBook 978-3-7873-4485-7

 Satz: Jens-Sören Mann. Druck und Bindung: Stückle, Ettenheim. Gedruckt auf alterungsbeständigem Werkdruckpapier, hergestellt aus 100% chlorfrei gebleichtem Zellstoff.
Printed in Germany.

INHALT

Für meine Mutter, die vom ersten Tag an für mich sorgte.
Für meinen Vater, der mich bis zum Ende beschützte.

I KONZEPTUELLER PROVIANT

Es braucht nicht viel – zum Leben. Brot und Gesang.

Wir singen, um zu feiern, und wir singen, um keine Angst zu haben. Um die Dinge des Lebens zu feiern und um nicht so viel Angst vor dem Tod zu haben. So ist der Gesang das Wesen des Wortes und in jedem wertvollen Wort entweder die Feierlichkeit oder die Zuflucht zu spüren; das fürsorgliche und schutzbietende Flüstern warmer Worte oder der Gesang des Festes. Gesang, der umsorgt, und Gesang, der die Schönheit der Welt preist.

Der Gesang begleitet die Worte der Poeten und auch die der großen Denker. Er hat dennoch nichts Elitäres, denn er erklingt genauso sehr, wenn nicht noch klarer, in den Worten gutherziger Menschen. Etwas Gutes *sagen* – und *tun* –: darin liegt die Fortführung des Gesangs. Manchmal still, manchmal in diskreter, unvorhersehbarer Form wird uns der Gesang – das schwingende Wort – zur schützenden Unterkunft und zum Himmel.

Rundgesänge nannte man die Versionen der Volkslieder, die gewöhnlich auf den Straßen der Dörfer gesungen wurden. Gegen Ende seines Meisterwerks schildert Nietzsche, wie Zarathustra die Übermenschen darum bittet, mit ihm einen solchen Rundgesang anzustimmen; ein Lied, das einen Teil seiner Doktrin, seiner frohen Botschaft, seines Evangeliums, zusammenfasst. Dabei handelt es sich um das »Nachtwandler-Lied«, dessen Thema die *Tiefe* der Welt ist: »Die Welt ist tief *und tiefer als der Tag gedacht!*«[1] Wenige Jahre danach, als Nietzsche schon seinen Verstand verloren hatte, würde Gustav Mahler in seiner *Dritten Symphonie* die Verse Nietzsches in die Stimme eines Altsolos mit pathetischen und bewegenden Tönen legen.

Und ob sie das ist, die Welt: tief! Doch was für eine Art Tiefe (*pregonesa*) ist das? Kann man darin eine Art ewige Wiederkunft ausmachen?

Die Welt ist sehr tief, ja, doch sie hat kein Mitleid mit uns. Die Tiefe des Menschlichen liegt dagegen in diesem Mitleid: mit allem und mit jedem; und wenn es am heftigsten bebt, dann nicht aufgrund der ewigen Wiederkunft, sondern um einer *Wiederbegegnung* willen.

Der Rundgesang von Nietzsche erinnerte mich an eine andere Art öffentliches Wort: das der alten Ausrufungen (*pregons*),[2] die sich durch den unverwechselbaren Ton des Kornetts ankündigten. Früher gab es gewöhnlich in jedem Dorf einen Gemeindediener (Ausschneller oder Ausrufer; *pregoner*), der den Auftrag hatte, den Bewohnern die verschiedensten Nachrichten zu überbringen, einige darunter für die Gemeinschaft von größtem Wert, andere wiederum nur dem Bürgermeister und den immer gleichen Landbesitzern von Nutzen. Die Botschaft wurde durch die Straßen weitergetragen und fortlaufend wiederholt, damit sie von allen Dorfbewohnern, die sich an den Pforten und Fenstern versammelt hatten, gehört werden konnte. Und wenn es eines Tages unter den unzähligen, weit umher ausgerufenen Bekanntmachungen eine gegeben hätte, die darum bemüht war, eine Philosophie darzustellen? Ich sehe den Gemeindediener eines kleinen Dorfes in der italienischen Region Venetien gegen Ende des 19. Jahrhunderts fast vor mir – denn es hat irgendwie etwas Wirkliches an sich –; ein Gemeindediener, der zudem als Gemüsegärtner arbeitete und von dem man wusste, dass er in den Abendstunden Bücher zu lesen pflegte. Seine Reden waren sonderbar und man verstand sie letztendlich nie ganz, aber wer weiß, vielleicht sahen ihnen gerade deshalb die Anwohner erwartungsvoll entgegen. Ohne es lang auszuführen, verband er das, was er zu verkünden beauftragt war, mit anderen, eigens eingebrachten Dingen. Er wusste nur zu gut: Damit man ihm folgen könne, musste er mit lauter Stimme und in kurzen, durch längere Pausen voneinander getrennten Sätzen sprechen. Er wusste auch, dass er sie teilweise wiederholen musste, vor allem die ersten Sätze, und zwar für alle, die wie die langsam gehenden Alten ein bisschen Zeit brauchten, bis sie den Kopf hinausstreckten. In winziger Schrift notierte er alle Bekanntmachungen in einem Heft, mal mit einem Titel, mal nur mit einem Datum versehen. Die Pausen markierte er durch einen Bindestrich, die zu seiner Zeit geläufigen Telegramme nachahmend. Einmal verkündete er eine Nachricht, die noch seltsamer war als die, die er gewöhnlich ausrief und in der er wiederum von einem Ausrufer, wie er auch selbst einer war, berichtete. Sie trug den Titel »Philosophische Bekanntmachung am Morgen« und lautete so:

> Nichts war notwendig – nichts vorbestimmt – weder du, noch der Himmel – weder ich, noch die Welt – weder Tag, noch Nacht – aber der Morgen brach an – und eines Morgens, nach einiger Zeit – der Nachtwächter sang sein Lied um sechs Uhr – der Laternenanzünder löschte die Lichter – und am Vormittag verkündete der Ausrufer: das Leben hat die Form eines Bogens – wie das Gewölbe des blauen Himmels – mit einem Laken und einem Namen – ist ein Mädchen zur Welt gekommen – jeden Tag, auf der flachen Erde – werden Hütten mit hölzernen Dächern errichtet – und die Linie der Wörter ist gebogen – um den Geschmack einer jeden Sache zu segnen – und die Trauer eines jeden Blicks zu trösten – nichts war vorbestimmt – weder du, noch der Himmel – weder ich, noch die Welt – weder Tag, noch Nacht –

Der ununterbrochene Dialog mit Nietzsche hat auch den Titel dieses Buches hervorgebracht; ein Titel, der den philosophischen Horizont zum Ausdruck bringt, nach dem es wert ist, alle Bemühungen auszurichten. Eine Sehnsucht, die so einfach zu sagen ist: Wäre doch der Mensch noch menschlicher! Menschlicher zu sein, meint nicht, über das Menschliche *hinaus*zugehen, sondern gerade das Menschliche des Menschen zu intensivieren, es zu vertiefen, denn genau hierin liegt das Wertvollste überhaupt.

Währenddessen und ganz im Gegenteil hierzu erachtet Nietzsche es für notwendig, die menschliche Anomalie zu *überwinden*; ihn bekümmert und er beklagt die kärgliche Kraft des Menschen. Dieses Motiv ist im Grunde ein uraltes Klischee, das unsere übertriebene Schwäche betont. Es lohnt sich jedoch, sich zu fragen, ob Schwäche immer ein Anzeichen von Niedrigkeit ist. Und wenn Abraham sogleich unfähig gewesen wäre, den göttlichen Befehl anzunehmen, dem zufolge er seinen Sohn töten sollte? Zu wenig Glaube oder zu viel Menschlichkeit? Besonders ausdrucksstark finde ich die Verse Luigi Grotos, eines italienischen Dramaturgen der Renaissance, in einer theatralischen Interpretation des biblischen Dramas. Abraham klagt darin über seine tragische Situation und die Schwäche, die von ihm so empfunden wird: »Oh! Allzu verweiblicht; oh! Allzu menschlich ...«.[3]

Genau das ist es! Zu menschlich zu sein wird hier mit der Tatsache in Verbindung gebracht, zu schwach und zu verweiblicht zu sein – das heißt, wörtlich genommen, mit der Tatsache, zu viel Weiblichkeit zu besitzen –. Angesichts des furchtbaren – und *unmenschlichen*! – Befehls Gottes, seinen Sohn zu opfern, fragt sich Abraham, perplex und verängstigt, was er nur tun soll. Zutiefst betrübt klagt er und führt die Schwäche spontan auf die Tatsache zurück, *menschlich* zu sein, *allzu menschlich*.

Sowohl die darin enthaltene Idee als auch der Wortlaut Grotos könnten nur zu gut – und wer weiß, vielleicht haben sie das auch tatsächlich getan – Nietzsche zum Titel seines Buches inspiriert haben: *Menschliches, Allzumenschliches*; genauso wie sie nun auch meinen Titel mitinspirieren sollten: *Menschliches, noch Menschlicheres*, der nun nichts mehr an Klage oder Geringschätzung an sich hat, ganz im Gegenteil. Was könnte es Menschlicheres geben als eine solche Schwäche? Dies ist nun die These dieses Buches. Neben dem Dialog mit Nietzsche bringt der Titel – *Menschliches, noch Menschlicheres* – fast wie ein Rückstoß auch die Gegenrede zu einer der ideologischen Evasionen unserer Zeit zum Ausdruck: die des Transhumanismus mit seinen süßen Versprechen auf ein *Jenseits* des Menschlichen. Natürlich beziehe ich mich damit nicht auf die Frage, was wir mit den biotechnologischen Erfindungen zu erreichen vermögen, sondern auf die ideologische Rede, von der diese begleitet und ausschmückt werden. Welch trauriges Paradox ist es doch, zu glauben und danach zu streben, über das Menschliche hinausgehen zu können, während es uns an Menschlichkeit noch fehlt! Sich also zu verirren und nicht zu bemerken, dass der bedeutendste Horizont nicht der ist, der weit in die Ferne reicht, sondern der, der tiefer ins Innere geht.

Jeder weiß aus seiner eigenen Erfahrung, dass wir Menschen uns irren können, ein wenig oder auch sehr. Es irren sich allerdings auch Zivilisationen. Dazu braucht man nicht unbedingt auf historische Beispiele zurückzugreifen: Unsere eigene ist schon länger vom Kurs abgekommen – oder vielleicht ist sie ihm auch noch nie so richtig gefolgt. Seit zwei Jahrhunderten leben wir nun schon unter der beharrlichen Rhetorik des Fortschritts und dennoch, an den Rändern türmen sich weiterhin auf ungeheuerliche Weise die Opfer. Das zwanzigste Jahrhundert zeigte, dass das Schlimmste – die extremste Unmenschlichkeit in Form totalitärer Gewalt – nun noch möglicher – und auch noch wahrscheinlicher – ist als jemals zuvor. Die Herrschaft der Welt wird auch jetzt noch von Banalität und persönlichen Interessen dominiert. Gemeinsam haben wir die Erde wie ein Vorratslager an Rohstoffen behandelt und diese nahezu aufgebraucht, um sie schließlich zum Abfalldepot umzuformen. Währenddessen macht uns die technologische Verwandlung der Gesellschaft, verbunden mit übertriebenem Konsumverhalten, narkotisch und droht stillschweigend, einfach alles ins Verderben zu stürzen.

Um Orientierung zu gewinnen, wären Veränderungen notwendig, die so grundlegend sind wie unwahrscheinlich. Dennoch sollte man nie aufgeben, sondern ganz im Gegenteil vom eigenen Standort aus Widerstand leisten. Vielleicht können wir auch nur einen bescheidenen Beitrag leisten und dennoch, alles zählt. Es bedarf Mut, um sich beispielsweise in Momenten großer Desorientierung doch an das Wesentliche zu halten und etwas Gutes zu tun.

Da trotz der zunehmenden Fülle an Theorien aller Art das Verständnis, das wir von uns selbst haben, nie geringer war, könnten wir Orientierung finden, indem wir herausspüren, dass das Menschliche im Grunde genommen eher mit Verantwortung als mit Macht zusammenhängt; dass eine menschlichere Zivilisation dazu führte, in der Welt zu wohnen, und keineswegs dazu, aus dem Haus zu gehen, um die Welt zu beherrschen; dass eine menschlichere Kultur keine ängstliche und auch keine nihilistische Kultur ist, sondern eine, die weiß, dass es keine intensivere Kraft gibt als die, die mit dem Sinn einhergeht. In der Schwäche, im Menschlichen, in der Verletzlichkeit …, in diesem *zu*, das in Wirklichkeit ein *noch mehr* ist, spürt man den Puls der Wahrheit.

Die essayistische Form des Schreibens hat einige Vorteile, ist jedoch natürlich nicht frei von Einschränkungen. Zu anderen Zeiten, als die Philosophiebücher gewöhnlich in Form von Traktaten erschienen, boten diese schon im Inhaltsverzeichnis ihre konzeptuelle Struktur dar. Im Essay ist die *konzeptuelle Konstellation* nie so expliziert formuliert, auch wenn man sie ausfindig machen kann. Jedes Konzept stellt einen Stern in dieser Konstellation dar. Nicht alle Punkte haben den gleichen Durchmesser oder die gleiche Leuchtkraft und dennoch sind sie alle unersetzlich im Hinblick auf die Gesamtfigur.

Mit der Philosophie der Nähe versuche ich, die Radikalität des Menschlichen (das, was an seine Wurzeln reicht bzw. es zur Wurzel macht; *la radicalitat de l'humà*)[4] zu denken und auf diese Weise eine, in akademischen Begriffen ausgedrückt, *philosophische Anthropologie* auszuarbeiten, deren Grundkonzepte die folgenden wären: »jemand«, das Pronomen des Menschen; »Ausgesetztsein gegenüber den Unbilden der Witterung« (*intempèrie*),[5] was die grundlegende Situation beschreibt; »Faltung des Fühlens« und »unendliche Verletzung«, die das Wesen des menschlichen Lebens ausdrücken; »poietische Beugung«, die die Bedeutung des Handelns nachvollzieht; sowie »Wiederbegegnung«, die den Horizont eines jeden Hoffens darstellt. Zu dieser Grundkonstellation kommen noch andere, ebenso bedeutsame, leuchtende Punkte: »Anfang«; »Zuflucht«; »Umgebung«; »Widerstand«; »Versammlung«; »Gesang«; »Gefährte sein« …

Man müsste in Worte fassen können, wie jeden Tag unter dem blauen Himmel und auf der flachen Erde *jemand* einen Namen erhält und so die unendliche Verletzung fühlt, die ihn ausmacht. Ich nehme nun schon einmal vorweg, dass *unendliche Verletzung* hier nichts mit Schmerzlichkeit zu tun hat und auch mit keinerlei Apologie des Leidens, im Sinne eines Mittels, irgendetwas zu erreichen. *Unendliche Verletzung* ist der Begriff, der mir letztendlich als der Treffendste erscheint, um den tiefen, wie ein querformatiges Kreuz geformten Einschnitt darzustellen, der uns bis in die Mitte unserer Seele berührt, oder besser gesagt, der unsere Seele hervorbringt. So ist »leben«, im günstigsten Fall, nah bei dieser Verletzung zu *sein* und von ihren Bewegungen aus zu *tun*.

Der Weg des Denkens ist ein besonderer. Manche haben vorgegeben, oder geben vor, ihn von einem hohen Gipfel oder einer Art spiegelnden und spekulativen Kanzel aus blickend zurückzulegen.

Dann ist die zurückgelegte Strecke jedoch fiktiv, denn man hat noch nicht einmal mit den Füßen den Boden berührt; so tut sich ein *Weitblick* auf, der allerdings den Ernst und die Leichtigkeit verkennt, die jedem Schritt anhaften. Der Weitblick verbindet sich manchmal mit einer *Dialektik*, die darin besteht, die verschiedenen Etappen des dargestellten Weges als aus Gegensätzen gemacht zu verstehen, die mit ihrer Auflösung den Fortschritt erzeugten.

Es gibt allerdings auch eine andere Möglichkeit: Nicht reflektieren im Sinne von widerspiegeln, nicht spekulieren, sondern reflektieren im Sinne von *nachdenken, nachsinnen.*[6] Kein Spiegel sein wollen, sondern ein achtsamer Pilger. Langsam gehen, ohne die Hindernisse, Schwierigkeiten und Kämpfe zu ignorieren, um die man keineswegs umhinkommt und auch nicht umhinkommen sollte. Die Aufmerksamkeit auf die Randbereiche gerichtet, auf die Farben des Bodens und der Bäume, vor allem jedoch auf die Bitten der Weggefährten. Im Unterschied zum Weitblick sucht der reflexive und aufmerksame Blick keine ganzheitliche Erklärung, sondern versucht vielmehr, *Erklärungen zurückzunehmen* (*desexplicar*),[7] um sich so der Bedeutung der Dinge zu nähern. Heutzutage, da Theorien und allgemeine Geschwätzigkeit zu undurchdringlichem Gestrüpp anwachsen, bedeutet das Zurücknehmen der Erklärung, zu entwirren und sich so einen Weg zu bahnen, was notwendig wird, um ein wenig *Klarheit zu schaffen* und *das Weitergehen zu ermöglichen*. Wie seltsam es auch scheinen mag, entweder nehmen wir die Erklärungen ein wenig zurück oder wir werden von dem, was wirklich von Bedeutung ist, nichts begreifen. *Klären* heißt, die Verwirrung hinter sich und Licht hineinzulassen. Die Verworrenheit ist homogen. Die Erklärungen zurückzunehmen, schafft Klarheit und zugleich Unterschied, genauer gesagt, es lässt den Unterschied sich offenbaren. So kann daraufhin mit dem Unterschied – auf poetische Weise – etwas hervorgebracht werden. Antonio Machado sagte, das poetische Denken bringe Heterogenität hervor. Die Klärung – und die Unterscheidung – das ist das sokratische Nichtwissen; ein reflexives Nichtwissen, das entweder selbst hervorbringt oder wie ein Geburtshelfer dazu verhilft.

Klären also, um einen Weg zu bereiten, indem der Unterschied bemerkt und vermerkt wird. Aber auch hier muss achtgegeben werden: Man sollte unterscheiden, ohne dass die Unterscheidung in der Schizophrenie endet. Zwar unterscheiden, aber nicht trennen oder aufspalten, nichts stärker einander entgegensetzen als nötig, vielmehr unterscheiden, um *zusammenzubringen*: Himmel und Erde, Tag und Nacht, Leichtigkeit und Ernst, Handeln und Hoffen … Auf diese Weise ist die Philosophie der Nähe, während sie darauf bedacht ist, weder in der Verwirrung zu verharren noch sich in die pathologische Auftrennung zu stürzen, dem *flexiblen Zusammenfügen* (*articulació*) und der *Nahtstelle* verpflichtet.

Die Nahtstellen zu erkennen, in denen wir uns befinden, gibt Kraft, um neue zu schaffen. Denken als symbolisches Schaffen ist poietische Naht. Auf den schon bestehenden Nahtstellen können wir weitere schaffen, in Form eines Mehrwerts; man könnte ihn einen *kreativen Mehrwehrt* nennen.

Zutiefst beunruhigend, ja schizophren wäre die Erde ohne Beziehung zum Himmel oder der Himmel ohne Beziehung zur Erde. Der Horizont, der so beruhigend auf uns wirkt, ist relational. Beziehungen retten uns. Das Entsetzen besteht in den totalisierten Elementen: der Leere des Himmels, der dichten Dunkelheit der Erde … Die Beziehung ist schon Konkretisierung und die Dinge sind Dinge in der Konkretheit der Beziehung. Wenn etwas aus seinen Beziehungen herausgetrennt wird, wie das in manchen künstlerischen Prozessen geschieht, dann ist es, als verformte es sich auf ungeheuerliche Weise und erinnerte uns an das Rauschen des Abgrunds. Verbindungsstellen zu erkennen heißt dagegen schon, Orientierung zu finden und in der Lage zu sein, weitere hervorzubringen.

Der Weg des Denkens führt nicht über weite Flächen. Er strebt nicht danach, weit hinauszugehen, sondern eher dahin, sich ein bisschen nach innen zu richten. Und gerade deshalb denkt er über sich selbst nach, wiederholt das gleiche Lied und behält den gleichen Horizont.

Er ist kein Weg der Unbeweglichkeit, sondern ein Weg der Ausdauer. Deshalb erinnere ich mich oft und gerne an die so amüsante Anekdote, die Xenophon über Sokrates erzählt. Nach einem langen Aufenthalt in der Ferne kehrt Hippias – ein bekannter Sophist – nach Athen zurück. Eines Tages sieht er Sokrates, wie er sich gerade mit seinen Schülern unterhält. Da richtet er sich an ihn, aus einer gewissen Entfernung und in einem etwas spöttischen Ton:

»Führst du denn noch immer, Sokrates, jene gleichen Reden, die ich schon früher mal von dir gehört habe? Und Sokrates erwiderte: Was doch sicherlich noch schlimmer als dies ist, Hippias, ich führe nicht nur immer dieselben Reden, sondern auch über dieselben Gegenstände. Du dagegen mit deinem reichhaltigen Wissen sagst wahrscheinlich niemals dasselbe über dieselben Gegenstände. Natürlich, erwiderte jener, ich bin bemüht, immer etwas Neues zu sagen.«[8]

Fürsorge erfordert Wiederholung. Während ein gewisser Intellektualismus das Neue sucht, will das Herz vor allem wiederholen. Und es ist das Herz, das die Verletzung in sich trägt. Das macht es so ratsam, eher den Weisen zu folgen, die wie Sokrates die Fähigkeit haben, zu wiederholen, anstatt den Sophisten, die nur darauf aus sind, mit ihren angeblichen Innovationen zu blenden. Wir sind also darauf ausgerichtet, zu wiederholen, denn es sind nicht wir, die die Fragen stellen, sondern es sind die Fragen, die uns berühren und die sich uns stellen.

Die Erklärungen zurücknehmen und dann die Bewegung zum Grund hin wiederholen; das ist der Weg und das Mantra des Denkens. Eine Wiederholung, die die Dinge nicht so lässt, wie sie waren, denn der, der wiederholt, verändert sich selbst und wird den Anderen zum *Zeugen*. Von Lastheneia, Schülerin Platons, bis hin zu Margarita, Schwester der Caridad; wer zulässt, dass das Denken sein Leben verwandelt, ist ein spiritueller Mensch, ohne dies zur Schau zu stellen. Jemand, der morgens aufsteht, seine Arbeit erledigt, seine Nächsten versorgt, sich vergnügt … In fast alldem spürt man allerdings etwas Besonderes, etwas Rares. Zudem ärgert sich die spirituelle Person weder über den gesunden Menschenverstand noch tut sie das Leben der Anderen als unauthentisch ab, denn das ist geradeso wie ihr eigenes. Sie lebt die Normalität, befindet sich dennoch schon im Außergewöhnlichen. Sie lebt den Tag, jedoch in Beziehung zur Nacht. Sie führt einen intensiven, diskreten, gewaltlosen Kampf. Einen Kampf, in dem sie weder zu besiegen noch zu überzeugen erhofft. Keinen Gegner gilt es zu bezwingen. Es ist ein Kampf, der keinen Sieg sichtet, denn eine siegreiche Seele wäre fast schon ein Widerspruch. Der Kampf hat die Form des Weges, der Konstruktion und des Wartens, des Hoffens.

Hammer, Nägel und Mörtelkübel. Die Erklärungen zurücknehmen (*desexplicar*), um es danach noch einmal auf eine andere Weise zu sagen. Eine magere Philosophie ist keine Philosophie, die sich damit beschäftigte, oder hauptsächlich damit beschäftigte, abzureißen. Ihr Bemühen gilt nicht ausschließlich der skeptischen Kritik, sondern dem Suchen nach Gründen dafür, ein wenig zu vertrauen, um auf diese Weise etwas Gutes tun zu können. Das heißt, *nicht nur Philosophie mit dem Hammer.* Nach der Arbeit mit dem Hammer allein: Hammer und Nägel, um die Bretter miteinander zu verbinden und Decken und Überdachungen zu errichten. Nach der Arbeit mit dem Hammer allein: dazu der Mörtelkübel, um Sand und Wasser zu mischen und Stege und Brücken zu bauen.

Philosophie ohne Luxus. Nur mit dem nötigsten Proviant. Nur wenig, denn Übermäßigkeit ist nie gut. Und die Geduld des Denkens lässt sich sicherlich nicht mit ihr vereinbaren. Zum Denken braucht es nur ein bisschen Wärme als Grundlage. Allerdings keine Opulenz oder Verschwendung. Philosophie ohne Luxus, denn übermäßiges Reden ist immer unangebracht, lächerlich oder gefährlich. Ein wenig Vertrauen zu haben, ist oft sogar besser, als auf oberflächliche oder dogmatische Weise viel davon zu haben. Ganz ohne jedoch kann man nicht leben. Der Unterschied zwischen keinem und einem bisschen ist enorm. Die philosophische Hoffnung geht von ein wenig Sinn in ein wenig mehr Sinn über – obwohl dieses zweite Wenige in gewisser Weise unendlich ist; anders –.

Aus heutiger Sicht ist klar: Dass die Philosophie allzu oft mit einem gewissen Wohlstand und mit Muße in Verbindung gebracht wurde, hat ihr nicht besonders gutgetan. Sicherlich erfordert das Nachdenken Zeit, Geduld und die Grundbedürfnisse gedeckt zu haben. Übermäßigkeit und Opulenz begünstigen es allerdings nicht; nicht als äußere Umstände und auch nicht als Aufforderung, der es folgen könnte. Die Philosophie muss ihrem Wesen nach arm sein. Die übertrieben komfortable ist entweder zu fett oder zu kalt, zu prahlerisch, oder sie gibt zu sehr vor, zynisch zu sein. Es gibt »aristokratische« Philosophien, die keine Art Mitleid zeigen; akademistische Philosophien, die erstarren – für nichts leben –; unersättliche Philosophien, die, anstatt auf das Unendliche hinzuweisen, es entweder verkennen oder behaupten, es verschlungen zu haben; Philosophien, die Dogmen und Ideologien dienen ... sind das wirklich noch Philosophien?

Eine Philosophie ohne Luxus weiß hauptsächlich zwei Dinge. Erstens: dass wenig viel ist. Zweitens: dass sie im Dienst des Handelns und der Orientierung des Lebens zu stehen hat. Dass das Nachdenken über das Leben dieses intensivieren sollte. Und dass das Nachdenken über das Böse dazu beitragen sollte, es zu bekämpfen. Dass eine gute Theorie an sich schon Geste und Handlung sein sollte.

Konspiration der Wüste. Die Philosophie der Nähe, freiwillige Erbin des Sokratismus und Postulantin der Franziskaner, ist eine Philosophie des Wir, der horizontalen Versammlung, von der sich nur diejenigen selbst ausschließen, die irgendeine Art Hochmut sehen lassen. Die Kon-spiration der Wüste zu erweitern heißt, ein und die gleiche Inspiration sowie ein und das gleiche Streben zu verbreiten: in Brüderlichkeit zusammenzuleben, mit Brot und Gesang oder, was das Gleiche ist: mit Zuhause und einem Fenster zum Himmel hin.

II WIE HEISST DU? (DER NAME)

JEMANDEN BENENNEN

Nicht nur am ersten Tag, sondern auch am Tag darauf und auch an dem Tag, der dem Tag darauf folgt, zwingt uns die Blöße des menschlichen Gesichts in vielen Situationen dazu, uns vor den bestehenden Witterungsunbilden und dem Abgrund zu schützen, manchmal vielleicht hinter Brettern, die mit Seilen aneinandergebunden werden. Der Name, den wir uns geben, kommt mit der geheimnisvollen Blöße des Gesichts überein und wird gleichzeitig Mahnmal dieser abgründigen Bändigung; eine Mahnung und eine Weise, das Band erneut zu straffen, das dann und wann erschlafft.

Wie ist der Name des Menschen? Der Name einer Gattung bedeutet hier nicht viel, denn jede Person ist eine Welt für sich. Der Mensch hat keinen Gattungsnamen, der ausdrücken könnte, was er ist. »Ich weiß nicht, was ich bin; ich bin nicht, was ich weiß«, schrieb Silesius.[9] Wenn von generischen Bezeichnungen wie *Homo sapiens* Gebrauch gemacht wird, so sollten diese in jedem Fall sekundär bleiben.

Jede Person ist *jemand*. Die so beantwortete Frage lautet *Wer ist das?* und nicht so sehr *Was ist das?*

Jemand, jemand *anders*, ein Anderer, noch Einer (*un altre un*).[10]

Jemand ist ein einfaches Pronomen, das wir mit *Person*, *Individuum*, *Subjekt* ... und sogar mit dem heideggerschen *Dasein* gleichsetzen könnten, denn es schließt das Hier, die Faktizität, mit ein. Wenn gesagt wird: »Da ist jemand«, dann schließt sich dem gleich an: »Wo?«. Und vor allem wird sogleich gefragt »Wer?«. Daraufhin antworten wir spontan mit der scheinbaren Schlichtheit des Namens: »Jemand«. »Wer?«. »Anna«.

Es gibt keine Menschheit, die herumläuft. Es gibt keinen Gedanken, der denkt. Es gibt keine Liebe, die liebt. Es gibt keine Sprache, die spricht. Da sind Anna und Joan und sie gehen, lieben, denken und sprechen.

Wie ist also der Name des Menschen? Es lohnt sich hier die Redundanz, der Name des Menschen ist sein Name; der Eigenname; der Vorname. Es gibt keine größere Offenbarung des Menschen als die des Namens. Deshalb würde es eine extreme Gewalttat darstellen, einem Kind keinen Namen geben zu wollen oder, in die gleiche Richtung argumentierend, einer schon erwachsenen Person den Namen zu entreißen und sie auf diese Weise zu vernichten, wie dies in den nationalsozialistischen und stalinistischen Konzentrationslagern und so vielen anderen unmenschlichen Orten geschah.

Der Name ist Zeichen für etwas so Wertvolles, dass es vorsichtshalber einen geheimen geben muss. Ein geheimer, der im Extremfall als letztes Refugium dienen und uns vor *Verschmähung* und *Demütigungen* aller Art retten kann.

Die Gegebenheit, dass der Name hier zur Fährte wird, sollte uns jedoch nicht beirren. Das Entscheidende und das, wodurch wir uns angesprochen fühlen, ist keine grammatische Kategorie, sondern viel mehr die Tatsache, dass jemand, indem er ein Jemand ist, einen Namen verdient. Der Name ist also nur *die Fährte*, die auf das hinweist, was von Bedeutung ist: die Tiefe des Menschlichen.

Ein Blick, der dich erkennt, ist schon ein Blick, der den Namen nennt. Der Name ist zuvor Pronomen. Und das Pronomen ist zuvor Blick. Das macht es unmöglich, die Spur bis ans Ende zu verfolgen. Wenn ich vom Eigennamen spreche, denke ich an die Handlung, jemanden beim Namen zu nennen, jemanden als jemand anzusprechen, mit dem Namen, mit einem Pronomen, einem Kosenamen, einer Geste oder einem Blick.

Obwohl es auch Eigennamen gibt, die keine Personennamen sind – beispielsweise Ortsnamen –, beziehe ich mich hier, wenn ich von Eigennamen spreche, immer auf Anthroponyme. Und dennoch, wie soeben bemerkt, ist nicht so sehr die objektivierte Form der Sprache zu beachten, sondern eher das, was passiert, wenn ein Substantiv, nehmen wir mal an, *Rose* oder *Erika*,[11] dazu dient, jemanden zu benennen, und so unmittelbar nicht nur Personenname, sondern auch Eigenname wird. Die Kraft des persönlichen Gesichts ist so groß, dass alles, was erst gemein war, eigen wird, sobald man es anspricht. In diesem Moment werden nicht nur die Nachnamen überflüssig, sondern sogar die linguistische Form des Namens selbst.

So viel ist klar, *alles kann sich ins Negative kehren*. Nur wenn man sich damit taktvoll an jemanden richtet, ist der Name *im eigentlichen Sinn* Name. Nicht aber, wenn dies nur so scheint oder wenn es sich nur um eine oberflächliche Form des Respekts handelt. Wichtig ist die Art und Weise, auf die der Name das fast unsichtbare Gesicht erreicht und wie dieses fast unsichtbare Gesicht schweigend den Namen verkündet. Diese Bewegung in doppelter Richtung ist die Grundlage des Zusammenseins und der Gemeinschaft.

Dass alles sich ins Negative kehren kann, bedeutet zudem, dass man sich selbst auch zu sehr bestätigen – und mehr als nötig signieren – kann, indem man immerzu und überall seinen Namen wiederholt und herausstellt. Dann kann es durch einen abwartenden, philosophischen Blick durchaus angebracht erscheinen, diese Ausartung zum Grund und zum Ziel der Kritik werden zu lassen.

NAME OHNE EIGENTUM

Natürlich kann man die Thematik des Namens in die Richtung der Logik des Eigentums und der Autorschaft hin auslegen. Das hat Derrida mit sehr viel Scharfsichtigkeit getan, um sie daraufhin heftig kritisieren zu können.[12] Seinen Lesern möchte er die Gefahren aufzeigen, die diese exzessive Betonung der Urheberschaft und der Unterschrift mit sich bringt. Und damit hat er völlig recht, denn die Übersteigerung des Eigennamens zeugt von Selbstverherrlichung, Eitelkeit, Herrschsucht und einer durch die Idee der Macht geprägten Weltansicht.

In diesem Fall bedürfte es als Reaktion sehr wohl eines Lobes der Bescheidenheit sowie der Herausstellung der gemeinsamen Urheberschaft, des kollektiven Werkes und noch mehr der Anonymität. Genau genommen gibt nicht erst die individualistische Maßlosigkeit der heutigen Gesellschaft Anlass zu diesen Korrektiven; denn sie existieren schon sehr lang und stehen mit wertvollen Lebensweisen nach dem Prinzip der Askese und der Loslösung vom Selbst in Zusammenhang. Die Kartäuser unterschreiben beispielsweise nicht mit ihrem Namen; der von ihnen angestrebte Verzicht geht so weit und der Egoismus, von dem sie sich befreien möchten, wiegt so schwer, dass sie sich bemühen, *ja sogar* auf den Namen zu verzichten.

Den Namen mit der Etikette des Eigentums und der Urheberschaft zu versehen, macht all dies jedoch, so glaube ich, zu leicht zur Zielscheibe der Kritik, während sich die Aufmerksamkeit vom eigentlichen Wesentlichen entfernt, das nichts anderes ist als die einfache Benennung jemandes. Demnach muss zunächst bemerkt werden – auch um das Problem des Eigentums und das der Urheberschaft überhaupt erst richtig einordnen zu können –, dass die Alternative zum Egozentrismus nicht nur in der Anonymität oder im kollektiven Namen besteht, sondern vor allem *im einfachen Nennen des Namens*. Jenseits oder diesseits von Eigentumsurkunden und Souveränitätsansprüchen strahlt die Einfachheit des Namens.

Sie wird gefragt: »Wie heißt du?« und antwortet: »*Ich heiße* Anna, *ich bin* Anna«.

Dem Namen entgegengesetzt steht nicht die Anonymität, sondern die Unpersönlichkeit.

DER NAME, DER DICH ERREICHT

Der Name, der dich erreicht, ist verdient, ohne etwas dafür getan zu haben. Verdient, da das Gesicht Ausdruck des Anfangs und Antizipation der tiefen Verletzung ist. Einen Namen geben bedeutet, wie wir bald sehen werden, einen absoluten Anfang anzuerkennen. Es wird dem ein Name gegeben, der zum ersten Mal da ist, der eingeführt wird. Wie wichtig es auch sein mag, jedes Erbe ist zweitrangig; jedes, ohne Ausnahme: sei es biologisch, kulturell, familiär, »freudianisch« …

Der Eigenname verweist auf die *Singularität* der Person; er entspricht dem Ereignis der Geburt und der sakralen Handlung der Taufe. Dass die religiöse Feier, bei der das Weihwasser aus dem Taufbecken empfangen wird, heutzutage immer seltener praktiziert wird, bedeutet nicht, dass es nicht noch immer eine Reihe von Momenten gäbe, die damit in enger Verbindung stehen: der Moment, in dem die Eltern einen Namen wählen; wenn sie ihn den nächsten Angehörigen mitteilen; wenn sie denjenigen, der zur Welt kommt oder der gerade zur Welt gekommen ist, zum ersten Mal mit diesem Namen ansprechen ... Die Taufe – oder das, was sie ersetzt – ist eine Feierlichkeit, bei der jemandem ein Name gegeben wird, der schon einen – geheimen – Namen hat. Man bestätigt und erkennt demjenigen öffentlich den Namen an, der einen Namen trägt.

Wer zur Welt kommt, kommt zum ersten Mal. Rein. Es gibt keine mitgebrachte Schuld, keine mitgebrachten Sünden. Die Bedeutung des Wassers ist nicht unbedingt die des Waschens; es kann auch für die Reinheit des Anfangs stehen, die Unschuld sowie die Relativierung des erwähnten Erbes. Den Eigennamen wirklich als solchen zu begreifen, bedeutet, alle Gesetze, alle Ketten zu überwinden. Sieh nur, wie einfach: Wir fragen nach Anna und jeglicher Determinismus zerbricht.

Und man könnte sogar noch weiter gehen: Wie auch immer sie ausgehen mag, jede menschliche Situation ist schon allein durch die Tatsache, eine zu sein, eine Art Sieg über das Unumgängliche des Bösen, der Gewalt und der Dunkelheit. In jeder Situation, in jedem Ereignis, pocht die Unendlichkeit des persönlichen Lebens. Wie prekär und schlecht behandelt er später auch sein mag, der Anfang ist schon ein unauslöschlicher Anfang. Die Hoffnung, die wir aufrecht halten können, haben wir kraft dieses Anfangs; und so bedeutet den Namen zu bewahren auch die Hoffnung zu bewahren.

Der Name ist so verdient, dass es auch einen geheimen gibt. Und dennoch, der Name wird über menschliche Wege empfangen. Die Anderen geben ihn dir wie ein erstes Zuhause, warm, unschuldig und offenherzig. Einen Namen zu empfangen, heißt, eine erste Zuflucht, eine erste Fürsorge zu erhalten. Den Namen zu empfangen, ist ein Segen (*benedicció*): das erste und wichtigste Gutgesprochene (*cosa ben dita*), das dich erreicht.

Sich benannt vorzufinden, zu fühlen, ist ein Ausdruck der grundsätzlichen Situation: ungeschützt den Unbilden der Witterung ausgesetzt (*a la intempèrie*) treffen wir auf Andere, die uns einen Namen geben und uns ein Leben lang bei diesem Namen rufen. Ein Anfang zu sein, geht mit der Tatsache einher, dass das erste Wort vom Anderen herkommt. Der Solipsismus und die Gefahr einer auf fatale Weise in sich selbst verwickelten Subjektivität sind so von vornherein ausgeschlossen, durch den Namen, der uns erreicht. Wir empfangen das Leben, ohne vorher zu sein. Eigentlich nicht einmal das: Wir empfangen nichts, da wir noch nicht sind. Ein menschliches Gesicht erscheint und von nun an nimmt es auf. Das Dort (des Du) geht dem Hier (des Ich) voraus. Diese Struktur ist grundlegend, um unsere Situation in Bezug auf das Wesentliche zu verstehen. Ich erhalte den Namen, das heißt, ich *höre* meinen Namen und dann gebe ich ihn mir selbst: »hier«. Aber die Entgegennahme des Namens bedeutet Gabe und Berufung, Aufforderung. Daher kommt meine Reife nur in Form einer Antwort. So lautet die Abfolge: Ich empfange, ich werde gerufen und ich antworte.

Da ich empfange und gerufen werde, spreche ich; da ich mich angesprochen und angeschaut (erkannt und beachtet) fühle, antworte ich. Zuhören und Sprechen ist jedoch nur im Vertrauen möglich. Das empfangene Wort macht uns zu Zuhörern, zu Folgenden. Nur durch die Begegnung und durch das gehörte Wort kann der Mensch kreativ werden. Nur durch die Begegnung und durch das gehörte Wort entsteht Sinn.

Der Empfang des Namens ist Beginn der Berufung. Er macht mich verantwortlich, noch bevor ich dazu imstande bin. Das Hören der Bitte, des Gesuchs, kommt mit der Zeit und mit der Zeit kommt auch das Antworten. Das Gesuch, das aus der unendlichen Verletzung hervorgeht, ist eigentlich leicht zusammenzufassen: Du sollst nicht töten, vielmehr im Gegenteil, du sollst Gefährte sein.

DER NAME, SIEGEL DES ABGRUNDS

Wenn es Gott gibt, dann ist es ganz sicher er, der uns den geheimen Namen gibt und der zugleich die menschliche Gabe des Namens hört und sich daran erfreut.

Selbst der Vorname des Unglücklichsten aller Sterblichen hat in genau dem Moment, da er die Augen öffnet – und selbst wenn er sie für immer verschlossen hielte – schon Gottes Gehör erreicht.

Für Gott und auch für uns gibt es kein grundlegenderes Wort als das des Namens. Deshalb sind nicht die *ewigen Wahrheiten* (das heißt, die vermeintlich universellen und notwendigen Gesetze), sondern die Namen Protagonisten der Ereignisse und der Erfahrungen menschlicher Existenz, die einzigen Spuren des Weges zum Göttlichen. Das Reich Gottes steht mit dem Bereich der nominalen Vokation und der menschlichen Beziehungen in Verbindung. Hierin besteht die *Veritas*. Die logischen Wahrheiten sind eine Sache, eine ganz andere und darüberhinausgehende ist jedoch die Wahrheit des Lebens, der sich ereignenden Situationen und der persönlichen Gesichter, die Namen haben und tragen.

Da früher oder später alles auf den Eigennamen hinausläuft, scheint es, als ob es einen ersten Namen bzw. einen letzten geben müsste. *Gott* ist nichts anderes als dieser erste und letzte Name. Darum ist der Name Gottes kein Beliebiger. Er kann als das grundlegendste Wort verstanden werden, das uns Schutz bietet. Es erklingt, um eine Verzögerung zu schaffen und um die vernichtenden Kräfte auf Abstand zu halten. Dennoch sollte man nicht in Dogmen verfallen. Gott ist hier weder ein Wort, das aufgezwungen werden soll, noch eines, das vorausgesetzt wird. Um diese Zurückhaltung und den Standpunkt, von dem aus ich spreche, zu veranschaulichen, schien es mir gelegen, einen gewissen Dialog der zeitgenössischen Philosophie in seinen unterschiedlichen Facetten darzulegen. Das Buch der Offenbarung schildert gegen Ende die sieben Visionen, von denen eine wie folgt lautet:

> »Dann sah ich einen Engel vom Himmel herabsteigen; auf seiner Hand trug er den Schlüssel zum Abgrund und eine schwere Kette. Er überwältigte den Drachen, die alte Schlange – das ist der Teufel oder der Satan –, und er fesselte ihn für tausend Jahre. Er warf ihn in den Abgrund, verschloss diesen und drückte ein Siegel darauf, …«[13]

Der Abgrund kommt hier der dichten Finsternis und einem unendlichen Fall in die Tiefe gleich, aber auch einer Höhle in einem hinteren Winkel, in der das Bösartigste verschlossen und versiegelt liegt. Es ist genau dieser Abgrund, vor dem uns die aus Brettern gezimmerte Absperrung beschützt. In einem Brief aus dem Jahr 1926, an seinen Freund Franz Rosenzweig gerichtet, bemerkt Gershom Scholem die in der Sprache selbst verborgenen Abgründe. So schreibt er: »Im Namen ist die Macht der Sprache beschlossen, ist ihr Abgrund versiegelt«.[14] Scholem meint damit die heiligen Namen – die Namen Gottes –, und seine Überlegungen, von Jacques

Derrida in *Les yeux de la langue* weiter ausgeführt, beziehen sich auf die Säkularisierung der hebräischen Sprache. All das geht auf einige wunderbare Seiten aus Rosenzweigs *Stern der Erlösung* zurück, auf denen dieser die heilige Sprache des jüdischen Volkes von den Sprachen anderer Völker unterscheidet.

Am besonderen Wert dieser Betrachtungen besteht kein Zweifel. Dennoch stimmen meine Überlegungen nicht mit ihnen überein; sie schließen vielmehr an die Aussage Agambens an, wenn dieser argumentiert, dass die Frage nach dem Namen Gottes ein Ausdruck des *Sakramentes der Sprache* ist.[15] Während Rosenzweig von der Spezifizität der hebräischen Sprache als heilige Sprache spricht, betont Agamben die Heiligkeit der menschlichen Sprache. Und er zeigt auf, dass der Eid ein Ausdruck dieser Heiligkeit ist, das heißt, ein Ausdruck der Übereinkunft, die dem Menschlichen selbst zugrunde liegt. Ihm zufolge ist gerade die Tatsache, dass der Monotheismus dem Gebot, den Namen Gottes nicht zu missbrauchen, so viel Bedeutung zumisst, eine Konsequenz des Eids der Sprache *und nicht andersherum*. Ich glaube, er hat völlig recht. Und *dennoch*, neben dem hohen Stellenwert, den auch Agamben weiterhin dem Namen Gottes zuschreibt, halte ich es für unersetzlich, eine zwar weniger prunkvolle, jedoch ebenso vielversprechende Fährte weiter zu verfolgen; die des Eigennamens.

Kehren wir nun zum so machtvollen Bild des Namens als Siegel zurück, so meine ich daher, dass es dabei nicht allein um den Namen Gottes geht und weniger noch um die hebräische Sprache. Und dass der Abgrund sich nicht in der Sprache befindet. Beinahe im Gegenteil; die Sprache und vor allem die Namen sind die leuchtenden Stricke, die uns vom Abgrund fernhalten. Allerdings geht es dabei nicht um die heiligen Namen Gottes, sondern um die *Eigennamen*: Anna und Maria, Andreu und Joan. Ohne diese Namen, Träger der nackten Würde der sie wohlverdienenden Gesichter, würde die Welt nicht nur zu einem phantasmagorischen Ort, sondern dieser Ort würde durch den dahinterliegenden Abgrund verschlungen. Man soll den Namen Gottes nicht missbrauchen, aber man sollte auch nicht den Namen Annas missbrauchen. Denn dadurch bräche man den Eid, der dem Namen zugrunde liegt. Ein Eid, der selbst schon eine Antwort ist. Schmach bedeutet Eidbruch und Untreue.

Jedes Mal, wenn wir mit Taktgefühl einen Eigennamen aussprechen, erneuern wir das Sakrament der Sprache und versiegeln leise den abgründigsten Abgrund.

DER NAME, FÜR EIN GANZES LEBEN

Wer einen Namen trägt, ist Zentrum und das bedarf keiner Ordnung oder Klassifizierung, sondern Orientierung. Es hilft ihm nicht, ihn auf irgendeine Liste zu setzen, wohl aber, ihn darin zu unterstützen, sich an einem Horizont zu orientieren. Deshalb sind es keine klassifizierenden Etiketten, sondern Wegweiser, die wir brauchen. Mit anderen Worten, wir brauchen keine vermeintlichen Erklärungen, sondern Weggefährten.

Wenn wir den leuchtenden Strick des Namens ein bisschen auftrennen würden, zeigte sich uns ein ganzes Leben. Den Namen aufzutrennen, heißt, eine Geschichte, ein Leben, eine Biographie zu erzählen. Der Eigenname sammelt die persönliche Vergangenheit und greift auf die Zukunft vor. Mein Name geht mir voraus; er war schon da, damit ich mich, nach und nach und ohne es zu bemerken, an ihm festhalten würde. Alles verändert sich und so auch ich. Mit der Zeit werde ich älter; und ich bin und bin auch wieder nicht derselbe, der ich früher war. Und dennoch, der Name bleibt; er steht in einer Art Treue zu meinem Geheimnis und ist das Zeichen der Beständigkeit im Wandel.

Das Leben ist eine Parabel der Anfänge. Ich fange immer wieder an. Und jedes Mal, wenn ich meinen Namen höre, ist es, als rufe man mich in die Gegenwart, das heißt, als rufe man mich dazu auf, noch einmal bei mir selbst, von vorne anzufangen. Meine Eltern haben meinen ersten Anfang begleitet. Nun spreche ich schon seit langem, das heißt, ich antworte schon seit langem auf die fortwährenden Rufe. Jetzt antworte ich schon jedes Mal, wenn man mich mit meinem Namen anspricht; ich kann schon in der Gegenwart erscheinen. Ich bin gegenwärtig, da ich mich gegenwärtig machen kann, und der Name stimmt mit dieser Gegenwärtigkeit überein. Können wir uns also vorstellen, was passieren würde, wenn man unseren Namen komplett auslöschen würde? Wenn man uns in Namenswaisen verwandeln würde? Mit Sicherheit wäre dies ein fürchterlicher Prozess, bis hin zur Entpersönlichung, zur Vernichtung. Ich habe schon angedeutet, dass das Ersetzen des Namens durch eine Nummer in den Horrorszenarien in genau diese Richtung geht. Im Extremfall besteht die absolute Vernichtung darin, dass jemandem kein Name mehr bleibt und nicht einmal mehr durch ein Pronomen Bezug auf sich selbst genommen werden kann. Auf der Schwelle zum Nichts, ohne Namen, ohne *ich*. Es gibt Morde, ohne dass ein Henker in Erscheinung tritt: Vernichtung des Namens und des Pronomens.

Den Namen auszulöschen und das *ich* zu ermorden sind eins. Eine Freundin, der keinerlei Zufluchtsort mehr blieb und die sich immer ohnmächtiger den Schicksalsschlägen ausgesetzt fühlte, sagte mir einmal: »Ich hoffe, den Namen nicht zu verlieren«. Hoffentlich verliert sie ihn nie und hört nie auf, angesprochen und wahrgenommen zu werden. Hoffentlich verliert sie nie diesen ersten Schutzmantel, der zugleich auch die letzte Hoffnung darstellt.

Ja, *leben* ist der wesentliche Infinitiv des Lebens. Und es gibt nichts Radikaleres bzw. nichts Grundlegenderes als dieses Verb. Nichts ist grundlegender … ausgenommen die Namen, die es notwendigerweise begleiten. Das hat Pere Casaldàliga mit treffendster Einfachheit ausgedrückt:

»Am Ende des Weges werden sie mich fragen:
Hast du gelebt? Hast du geliebt?
Und ich werde, ohne ein Wort zu sagen,
mein Herz öffnen, das gefüllt ist mit Namen.«

Genau dadurch wird der leuchtende Strick des Namens eines jeden Einzelnen, des Namens eines jeden *Jemandes*, zu einem Geflecht. Das Geflecht aus allen geliebten Namen.

III WOHER KOMMST DU?

EIN ABSOLUTER ANFANG

Stellen wir uns einmal vor, wir vermöchten zu sprechen, sobald wir geboren werden, oder gar schon im Bauch der Mutter, und man fragte uns freundlich: »Hallo, du, *woher kommst du*?« Im Grunde genommen spielt es aber keine Rolle, ob man im Schoß der Mutter eine Antwort darauf geben kann oder wir sie jetzt als Erwachsene geben. Zwar verstehen wir die Geburt gewöhnlich als konkreten, vollständig abgrenzbaren Moment, in Wirklichkeit werden wir jedoch ganz allmählich geboren, jeden Tag unseres Lebens. Daher ist es, als ob man uns – oder ich mir – die Frage genau heute stellte. Und ja, jetzt bin ich hier, doch woher komme ich?

Wir wissen es. Ich weiß es: *nirgendwoher*.

Natürlich, ich bin der Sohn meiner Eltern und »Kind« meiner Zeit … Ich trage ein ganzes genetisches und kulturelles Erbe in mir und dennoch bin ich ein *absoluter Anfang*. Nicht der absolute Anfang, da die Welt schon vorher da war, aber doch *ein* absoluter Anfang. Ich bin zur Welt »gekommen« und vor meinem Kommen war ich weder da noch war ich. Das ist eine entscheidende metaphysische Erfahrung, der Beachtung geschenkt werden sollte. Es geht dabei um die Erfahrung unser selbst als Anfang, als Beginn. Dieser *Jemand*, der ich bin und der einen Namen erhält, hat begonnen zu sein. Hannah Arendt bekräftigt zu guter Recht, dass diese Erfahrung ausschlaggebend ist, und zwar durch ihre politische Bedeutung; denn das Handeln, die Grundlage der Politik, stellt auch eine Art des Anfangens dar. Sie formuliert dies so: »Die Natalität und nicht die Sterblichkeit könnte die zentrale Kategorie des politischen Denkens sein, im Unterschied zum metaphysischen.«[16] Ich schließe mich ihr darin an, dass die Erfahrung des Anfangs der Schlüssel zur politischen Dimension ist, jedoch sehe ich sie auch gleichzeitig und noch mehr als Schlüssel zur anthropologischen Metaphysik. Und ich spreche nicht im Abstrakten von *Natalität*, sondern vom absoluten Anfang, der jeder von uns ist. Ich glaube, es handelt sich dabei um den Inbegriff der Erfahrung: sich hier zu befinden bzw. vorzufinden, während man ein absoluter Anfang ist und nirgendwo herkommt. Dem kann nie genug und nie die eigentlich gebührende Aufmerksamkeit geschenkt werden. Im Schoß der Welt beginnt jemand, den die Welt nicht erklären kann.

Manchmal hört man sagen: »Wir wissen nicht, woher wir kommen, und auch nicht, wohin wir gehen.« Das ist nur zur Hälfte wahr. Ich betone noch einmal, wir wissen, woher wir kommen: nirgendwoher. Wir befinden uns, wir finden uns vor, wie wir Anfang gewesen sind und auf diachronische Weise weiter Anfang bleiben. Es wird so schon deutlich, dass die Frage »Woher kommst du?« in Wirklichkeit reflexiv ist und dass wir sie uns alle, auf die eine oder andere Weise, selbst gestellt und beantwortet haben. Ich war nicht. Ich bin geboren und werde weiterhin geboren. Die Erfahrung, auf der Welt zu sein, ist verbunden mit dem *Sich-hier-Befinden, hier, in der Situation, begonnen zu haben und weiterhin zu beginnen.*

Wie unglaublich es auch ist, wir haben begonnen, auf absolute Weise. »Wo waren wir, bevor wir geboren wurden?«, fragt der kleine Bruder den größeren und ungeduldig gibt er sich selbst die Antwort: »Wir werden wohl im Bauch der Mutter gespielt haben.« Mit gutem Grund vermutet das Kind, dass es irgendwo wohl gewesen ist. Aber die Erfahrung der Geburt wird in ihm reifen und sie wird ihm zeigen, so unglaubhaft es auch klingen mag, dass er vorher auf keine Art und Weise war: nicht hier und auch nirgendwo anders. Deshalb gibt es keinen Faden, keine Fährte, die zurückzuverfolgen wäre. Und darum heißt es auch, wie Jankélévitch erinnert, *incipit non discitur*: Anzufangen lernt man nicht, bevor man anfängt.

So wähle ich trotz der Nähe zum heideggerschen Begriff der *In-die-Welt-Geworfenheit* diese alternative Formel: Wir befinden uns, Anfang seiend, den Witterungsunbilden ausgesetzt (*a la intempérie*). Ich würde zudem noch hinzufügen – ebenfalls im Dialog mit Heidegger –, dass anstelle des klassischen Begriffs *die Sterblichen* der Ausdruck *die, die geboren werden* die Menschen zutreffender bezeichnet. In der Tatsache, ins Leben gekommen zu sein, liegt etwas Wundersameres und Bestimmteres als in der Tatsache, zum Tod bestimmt zu sein.

WENIGER VERSUCHEN, DAS UNERKLÄRLICHE ZU ERKLÄREN

Ich komme von nirgendwoher und bin hier, wo Platz gemacht wurde. Auf gewisse Weise übertrifft das Geheimnis der Geburt das des Todes, denn von diesem letzteren kennen wir zumindest das eine, so bekannte Gesetz: Jeder Mensch ist sterblich; keines jedoch lässt sich über die Geburt festmachen. Man kann sagen: Jeder Mensch muss sterben – so das Gesetz des Todes. Aber man kann nichts dergleichen über die Geburt sagen. Die Aussage, alle Menschen sind geboren, kann nur im Nachhinein gemacht werden. Man kann formulieren: Jeder stirbt; nicht dagegen: Jeder kommt zur Welt. Dieser zweite Satz hinkt ein bisschen. Jeder Mensch ist geboren, das stimmt. Allerdings gibt es kein Gesetz der Erschaffung, da ihr nicht einmal eine Möglichkeit vorausgeht, auf die das Gesetz angewandt werden könnte.

Ich bin hier, tatsächlich ... Hier sein: das ist *Faktizität*. Nur ein Ich hat ein Hier, nur ein Du hat ein Da. Darum ist »Hallo!«, was so viel wie »He, hier!« bedeutet, eine der spontansten Begrüßungen.

Jemand, hier.

Ohne Erklärung, ohne Fundament, ohne jeglichen Grund, der darüber Rechenschaft ablegen könnte.

Ich kann meine *Herkunft* bestimmen: Vorfahren, Gesellschaftsform, Epoche ..., aber weder diese Feststellungen noch irgendeine andere könnten mich erklären; könnten uns erklären. Außerdem bin ich zwar offensichtlich hier, jedoch bin ich selbst nicht das Fundament dafür; ich selbst bin nicht die Erklärung meiner Gegenwart; ich bin weder die Ursache noch der Grund meiner selbst. Ich habe mich nicht hierhergebracht. Und es kommt mir irgendwie so vor, als wäre es auch möglich, nicht zu sein. Und tatsächlich werde ich am Ende nicht mehr da sein.

Wenn es auch schwer ist, über den Tod zu sprechen, gilt doch das Gleiche für die Geburt, wenn man sie so versteht, wie ich sie hier verstehe. Die Schwierigkeit besteht vor allem darin, nirgendwoher zu kommen (von *nirgendwoher* zu kommen und von nirgendwoher zu *kommen*), jedoch auch in der Diachronie (wir werden fortwährend geboren) und noch dazu in der Tatsache, dass das Sich-hier-gegenwärtig-Fühlen aus einem vorherigen und gänzlich unvordenklichen Fühlen hervorgeht. Es gibt eine Genese der Reflexivität des Fühlens; es gibt eine Genese des Sich-Fühlens, des Sich-Befindens, bzw. Sich-Vorfindens.[17] Das Unerinnerbare (des Anfangs des Anfangs) führt zum Erinnerbaren (der Kindheit) und vor allem zum Unvergesslichen (des Sich-auf-die-Welt-gekommen-Fühlens).

Von der Geburt und dem Tod zu sprechen bedeutet, von Grenzen zu sprechen, von dem, wovon man *beinahe* nicht sprechen kann. Dies mit Vorsicht zu tun, ist eine Art und Weise, zu üben, über die Gegenständlichkeit und die Objektivität hinauszugehen. So schafft es keine Wissenschaft, hinlänglich bedeutsam von der Geburt und vom Tod zu sprechen, da die Methode nicht geeignet ist, um sich diesen Ereignissen, diesen existenziellen Erfahrungen zu nähern. Im Gegensatz dazu schafft das die gute Poesie. Das reflexive Denken, sei es in philosophischer, sei es in poetischer Form, findet einen Weg, über das Repräsentierbare hinaus zu gehen.

Wenn einen die Situation, auf die Welt gekommen zu sein, nicht bewegt, dann weil sie durch irgendetwas verdeckt wird, weil irgendetwas die Erfahrung dieser Tatsache zerstreut und ihr Begreifen behindert. Auf die gleiche Weise, wie man das Gesetz des Todes nicht ohne Zittern verstehen kann (Kierkegaard), so kann man auch dem Geheimnis der Geburt nicht ohne Faszination begegnen.

Das Unerklärliche der Geburt erhält sich auf irgendeine Weise im Tod. Am Tod gibt es etwas – nicht viel –, was man erklären kann. Aber ein Teil dessen, was es am Tod Unerklärliches gibt – der bedeutsamere Teil –, ist auf das Unerklärliche der Geburt zurückzuführen.

Aufgrund all dessen ist es umso wichtiger, *die Erklärungen zurückzunehmen*. Wenn wir nicht von dem zurückweichen, von dem wir glauben, es erklärt zu haben, verstehen wir nicht, oder schlimmer noch, missverstehen wir. Und die Maßlosigkeiten lassen sich nicht nur im Zusammenhang mit pseudo-wissenschaftlichen Reden ausmachen; manchmal stammen sie aus dem philosophischen Bereich selbst. Paradoxerweise gibt es Denker, die, obwohl sie sich als Skeptiker präsentieren, dennoch unvorsichtig vorgehen und sich mit ihrer Redegewandtheit letztendlich auf Ungereimtheiten stützen. So zum Beispiel Emil Cioran – mag er auch in anderen Momenten bewundernswert sein –: Bezüglich dessen, was uns hier beschäftigt, verfehlt er das Ziel. So meint er mehr zu wissen als möglich: »Ich weiß, daß meine Geburt ein Zufall, ein lachhaftes Akzidens ist«. Und er fährt fort: »Das wahre, einzige Pech: das Licht der Welt zu erblicken«, um dann zum krönenden Abschluss zu behaupten: »*Nicht geboren sein.* Schon der Gedanke daran – welches Glück, welche Freiheit, welche Weite!«[18] Wortgewandtheit, aber Abwesenheit jeder Besonnenheit. Ästhetizismus ohne Ästhetik. Leere Worte ohne Gesang. Genauer betrachtet: camouflierter Egozentrismus von jemandem, der zu bequem lebt.

EIN WIEDERGEWONNENES UND NEUDEFINIERTES WORT: »KONTINGENT«

Kontingent ist ein Begriff, der von mittelalterlichen Denkern zu einem philosophischen Konzept erhoben wurde und sich bis heute erhalten hat. Er hat vor allem als ontologische Kategorie gedient, das heißt, als eine Art, das, was ist, zu klassifizieren. Ich versuche nun, gemäß einer Tendenz, die ich mit einem Großteil der zeitgenössischen Philosophie gemein habe, diese Kategorie mit der grundlegendsten Erfahrung in Verbindung zu bringen bzw. sie daraus zu gewinnen; was bedeutet, sie von der theoretischen Ebene auf eine existenzielle zu verlagern.

Die philosophische Bekanntmachung lautete so: »Nichts war notwendig, nichts war vorbestimmt«. Die Tatsache, hier zu sein, ist so schwierig zu beschreiben, dass man manche Konzepte schon ausklammern kann; trotz ihrer Stärke bringen sie in diesem Punkt eher durcheinander, als dass sie hilfreich wären. Ich meine damit Konzepte wie *Notwendigkeit*, *Möglichkeit* oder *Zufall*; Konzepte, die in der mittelalterlichen und in der modernen Philosophie zentral waren und dies heute als Grundvoraussetzungen wissenschaftlicher Erkenntnis sind.

Dass du, oder dass ich, dass wir weiterhin hier sind, ist unerklärlich. Wir wissen viel über die Evolution der Arten, über die Genetik, über die sozialen und kulturellen Faktoren, die von einer zur anderen Generation weitergegeben werden … Und dennoch; dass *du* bist, kann genau in dem, was es eigentlich Wesentliches hat, nicht vollständig erklärt werden. Diese Grenze des Sagbaren ist nicht die

Folge der Tatsache, dass wir *noch* nicht genug wüssten, vielmehr ist das Wesentlichste in sich selbst unerklärbar. Wie viele kausale Abläufe man auch entdecken und wie viele neue Theorien man auch aufstellen mag, die Situation der Unerklärlichkeit bleibt. »Wenn man nur dies oder jenes zu wissen vermöchte ...«, aber nein, nicht so. Sosehr die Wissenschaft auch fortschreitet, wissen wir überhaupt nichts über die Tatsache, dass du und ich weiterhin da sind.

Nur wenn ich von der Erfahrung ausgehe, die ich von mir selbst mache, kann ich sagen, was ich gerade gesagt habe. Mich als unerklärlich wahrzunehmen, geht mit der Tatsache einher, zu fühlen, dass ich weder notwendig noch vorbestimmt und auch nicht das Ergebnis des bloßen Zufalls bin. Wer stellt sich schon vor, über sich selbst zu sagen: »Es war notwendig, dass ich existiere« oder »Ich habe das Recht zu sein«. Niemand, der einen klaren Kopf hat, hält seine Existenz für notwendig oder für vorbestimmt. Dennoch halten wir uns andererseits auch nicht für das Resultat des reinen Zufalls. Genau dazu also, um diese Situation meiner selbst – als weder notwendig noch vorbestimmt, aber auch nicht gänzlich zufällig – zu bezeichnen, könnte man damit beginnen, das Wort *kontingent* zu verwenden und neu zu definieren.

ANHAND EINES ANDEREN VERSTÄNDNISSES DES MÖGLICHEN

Kontingent, das heißt, nicht notwendig. Aber was bedeutet notwendig genau genommen? Notwendig im eigentlichen Sinn ist laut manchen philosophischen Denkweisen nur Gott, begriffen als das einzige Wesen, das als *causa sui* angesehen werden kann; was bedeutet, Ursache, Grund und Fundament seiner selbst zu sein. Manchmal hat man auch die eigene Notwendigkeit der *ewigen Wahrheiten* – vor allem logischen und mathematischen Charakters – herausgestellt.[19] Und schließlich gibt es auch noch die Philosophien deterministischer Art, in denen sich die Idee der Notwendigkeit überallhin ausweitet, als ob alles, was im Schoß der Totalität hervorgebracht wird, notwendig sei.

Um der Darstellung weiter zu folgen, müssen wir auf die Idee der Möglichkeit zurückgreifen. Tatsächlich war das die andere Definition, mit der im Mittelalter die Kontingenz bestimmt wurde; auch diese eine Schlüsseldefinition: das, was sein oder nicht sein kann – eine Möglichkeit, zu sein oder nicht zu sein.[20] Nach langsamen und subtilen Umformulierungen sollte diese Idee ermöglichen, dass in metaphysischen Fragestellungen wie denen von Leibniz schließlich alle Dinge sowie auch wir alle als ein Teil der Welt der Möglichkeiten verstanden würden, die letztendlich durch eine göttliche, rationale Entscheidung wirklich geworden sind. Laut diesem Schema besteht der Übergang vom Möglichen zum Wirklichen einfach in der Tatsache, dass eine der präexistenten Möglichkeiten tatsächlich wird: Es war möglich, dass der Wurf der Würfel eine Sechs ergeben würde, und er hat diese Sechs ergeben.

Wenn man das Konzept der Möglichkeit auf diese Weise gebraucht, dann könnte jeder den Eindruck gewinnen, die eigene Existenz sei extrem unwahrscheinlich gewesen, es habe sich jedoch eine Reihe von Faktoren ergeben, die sie vom Möglichen zum Wirklichen habe übergehen lassen; als ob man ihm sagte: Du bist möglich, aber unwahrscheinlich, und deshalb musst du glücklich sein und das Glück feiern, das dir damit widerfährt, hier zu sein.

Und ja, man sollte feiern, jedoch nicht aus diesem Grund. Weder die Argumentation ist gut genug noch die Bedeutung, mit der das Konzept der Möglichkeit verwendet wird. Wollte man dieses Konzept, anstelle es zu verwerfen, treffender anwenden, so sollte man es Bergson, Heidegger oder Sartre gleichtun, es also neu definieren, ausgehend von der menschlichen Erfahrung, hier zu sein. Was dann geschieht? Nun, dann wird die Möglichkeit als ein Erschaffen entdeckt oder als etwas, das zusammen mit dem Ereignis geschieht; als etwas, das *a posteriori* hervorgerufen wird. Zum Beispiel kann ich mir dank der Tatsache, dass ich jetzt gerade hier bin, vorstellen, nicht zu existieren. Die Möglichkeit meiner Nicht-Existenz ist nur möglich – hier lohnt sich die Redundanz – durch die Tatsache, dass ich bin. Das Ereignis, ins Leben zu kommen, ist etwas anderes als der Übergang vom Möglichen zum Wirklichen. Am weitsichtigsten war in diesem Punkt tatsächlich Bergson, indem er uns gezeigt hat: Die Möglichkeit ist nur das Abbild, das die Wirklichkeit von sich selbst in ihrer kontingenten – also unvorhersehbaren und neuen – Selbsterschaffung in ihre eigene Vergangenheit projiziert.[21] Um die Möglichkeit auf diese Weise verstehen zu können, ist es laut Bergson notwendig, sie mit der Erfahrung der Freiheit und der des Erschaffens zu verbinden, da beide jegliche kausale Erklärung übersteigen. Die freundschaftliche Beziehung, die wir aufgebaut haben, das Ideal, für das du dich aufgeopfert hast, das schöne Gedicht, das du geschrieben hast … All diese Ereignisse veranschaulichen, wie das Handeln selbst eine Sache erschafft und auch die Möglichkeiten, die an die Sache selbst gebunden sind. Man kommt nicht vom Möglichen zum Wirklichen, sondern vom Wirklichen zum Möglichen.

Und so bringen wir diesen neuen konzeptuellen Gehalt zum Ausdruck: kontingent, das heißt, weder notwendig noch vorbestimmt; kontingent, das heißt, nicht von der Möglichkeit herrührend, sondern diese schaffend; kontingent, das heißt, zur Familie der Freiheit und des Ereignisses gehörig.

Das so gewonnene Konzept der Kontingenz basiert jedoch vor allem auf – und nährt sich aus – *meiner* Kontingenz. Das bedeutet, darauf, wie ich meine Situation außerhalb der Schemata der Notwendigkeit, des Zufalls und der aprioristischen Möglichkeit erfahre. Ich glaube sogar, dass es diese existenzielle Ebene ist, aus der die Idee, Nachbarin der Schöpfung, hervorgeht – und nicht umgekehrt. Es ist die Erfahrung der Geburt (die Erfahrung, sich selbst als ins Leben gekommen wahrzunehmen), die uns die Kategorie der Schöpfung des jüdisch-christlichen Monotheismus verstehen lässt. Und deshalb ist nicht so wichtig, ob man daran »glaubt« oder nicht, sondern es ist wichtig, sich dessen bewusst zu werden, was hinter der Aussage steht, Gott habe die Welt erschaffen. Und was steht dahinter? Nun, die Absicht, dafür einzutreten, dass die Welt nicht Gott ist, dass sie nicht göttlich ist, dass sie weder die Antwort auf irgendeine Art von Notwendigkeit der Totalität wie zum Beispiel den Pantheismus noch auf ein emanatistisches Bedürfnis darstellt; sondern dass die Welt vielmehr auch ein *unglaublicher Anfang* ist.

So interessiert es beispielsweise einen Autor wie Augustin, nicht nur zu behaupten, Gott habe die Welt erschaffen, sondern auch die Frage zu beantworten, warum Gott die Welt erschaffen hat. Und die Antwort (das, was Augustin gerne gesagt hätte): weil er es *wollte*. Einige Jahrhunderte später sollten manche franziskanischen Autoren diesen Gedankenhorizont bis ins Äußerste fortsetzen. Johannes Duns Scotus bleibt schon nicht mehr bei der Frage, warum Gott die Welt erschaffen habe, er fragt etwas scheinbar noch viel Seltsameres, und zwar: Warum existiert Gott? Um dann auf diese Weise seinerseits das sagen zu können, was er gerne sagte: *Gott existiert, weil er es will.*[22] So stark war der Vorsatz, die Kategorie der Notwendigkeit zu überschreiten!

Wenn wir nun, so wie wir das gerade getan haben, das Konzept der Kontingenz wiedergewinnen und neu definieren, dann hat dies auch hier im Grunde zum Ziel, sich der Beherrschung durch die Notwendigkeit zu widersetzen und die Unerklärlichkeit zu betonen. *Kontingent* zu sagen, heißt, die Notwendigkeit nicht an den Anfang zu stellen – nicht an meinen und auch nicht an den der Welt. So erscheint hinter dem Schleier der Notwendigkeit (und auch hinter dem des Zufalls) erneut das Wunder der unglaublichen Ereignisse.

Das ist die Neudefinition der Kontingenz in gemeinsprachlichen Worten: der *unglaubliche Anfang*; unser unglaublicher Anfang.

Dieser Erfahrung stehen heutzutage zwei Bedrohungen gegenüber. Die erste geht von der technowissenschaftlichen Ideologie mit ihrer Voraussetzung der totalen Transparenz aus, was bedeutet, dass jegliche Wirklichkeit potenziell erklärbar und begreifbar ist. Die zweite Bedrohung rührt aus manchen philosophischen Problemstellungen her – wie der Sartres –, die die Faktizität und die Kontingenz als unvereinbar mit dem, was ich gerade vorgeschlagen habe, begreifen. Sehen wir uns das einmal aus der Nähe an.

EKEL UND KONTINGENZ

Das philosophische Thema des bekannten Romans Sartres ist gerade das der Kontingenz. Nun setzt er kontingent aber mit *»de trop«, zu viel, überschüssig* gleich.[23] Seine These legt er in narrativer Form, anhand der seelischen Vorgänge des Protagonisten dar. Dass ein seelischer Zustand bestimmte Erfahrungen begünstigen kann, ist seit alters her bekannt. So trifft das beispielsweise auf die Melancholie zu, ein Begriff, der wörtlich ›schwarze Galle‹ bedeutet. Hippokrates vermutete, dass hinter einer *zu lange anhaltenden*

Traurigkeit eine Art dickflüssiger und dunkler Saft stecke. Hat die Humorallehre auch schon vor Jahrhunderten ihre Bedeutung verloren, ist die Melancholie, als seelischer Zustand begriffen, doch geblieben. Durch ihre Unbestimmtheit und ihren Bedeutungsumfang lässt sie sich mit Trauer, Schwermut, Unlust und Langeweile, oder aktuell mit der Depression, assoziieren. Nun gut, obwohl er schließlich *Der Ekel* heißen sollte, stand der Roman Sartres kurz davor, *Melancholie* betitelt zu werden. Ob mit diesem oder jenem Titel, es ging darum, den sonderbaren Zustand des Protagonisten Antoine Roquentin darzustellen; ein seelischer Zustand, der, weit davon entfernt, eine Störung zu sein, vielmehr eine Erfahrung – und ein Verständnis – ausbrütet: die der *Kontingenz*.

Der in den vorhergehenden Tagen ausgereifte Schlüsselmoment – buchstäblich der enthüllende Moment – der Erzählung ist der, in dem Antoine im Stadtgarten von einer Bank aus die Wurzel eines Kastanienbaumes betrachtet. Während er auf der Bank sitzt, kommt ihm die Wurzel plötzlich wie eine Art »monströse wabbelige Masse« vor. Als würde sich die Faktizität der Dinge auf eine Masse zurückführen lassen, auf eine zähe Flüssigkeit, auf etwas, was sogleich im Begriff ist, jede scheinbare Individualität zu verlieren: »der eigentliche Teig der Dinge«. Die wabbelige Masse: bemerkt sei hier der Parallelismus zum zähflüssigen Saft der Melancholie.

Ich denke, es ist angebracht, eine erste kritische Bemerkung anzuführen. Die Vermassung, die Zähflüssigkeit und das Verschwinden des Konkreten treten im gleichen Moment wie die Distanzlosigkeit auf und jede Distanzlosigkeit ist Verzerrung und Invasion: »Der Kastanienbaum drängte sich gegen meine Augen.« An diesem Punkt angekommen zu sein, bedeutet schon, die Dinge *erzwungen* zu haben. Während die Geste, Aufmerksamkeit zu schenken, heißt, bis zur Grenze vorzustoßen, ohne dabei jedoch irgendetwas zu erzwingen, kommt das Eindringen der Sache in mich oder mein Eindringen in die Sache immer einer Art verzerrender Einwirkung gleich.

Nachdem er *Vermassung* und *Kon-fusion* erlebt hat, weist Antoine auf ein drittes, entscheidendes Merkmal hin: »*de trop*«. Alle Dinge und alle Individuen waren dort, in dieser Situation, überschüssig, zu viel. Alles zu viel. Und ich … »*auch ich war zuviel*«. Ein weiterer Beweis für die verzerrte und verzerrende Haltung des Protagonisten zeigt sich, wenn dieser glücklicherweise selbst zugibt, das mit dem Überschüssig-Sein eher zu begreifen als zu fühlen. Nun, ein Gedanke – ein Verständnis –, der sich von der Erfahrung entfernt, ist allerdings schon verloren.

Antoine überlegt weiter, dass selbst, wenn er sich das Leben nehmen würde, immer noch alles überschüssig wäre: »Zuviel meine Leiche, mein Blut auf diesen Kieseln ...«.

Verlust der Individualität, Vermassung, der Umstand, zu viel zu sein. Die Erzählung fügt noch ein weiteres konzeptuelles Element hinzu: »Das Wort Absurdität entsteht jetzt unter meiner Feder ...«. Grundlegende, totale Absurdität. Und er kehrt zur Wurzel zurück, um von ihr zu behaupten, sie sei absurd, im Gegensatz zum Kreis, denn dieser habe einen Grund – den Grund des Kreises. Aber der Kreis existiert nicht und die Wurzel wohl. Sartre schreibt all dem *Absurdität* zu, was keine Erklärung hat. Nicht einmal die Tatsache, dass die Wurzel die Funktion einer Wurzel hat, ist Erklärung genug. Diese Wurzel hatte, indem sie sich in ihrer Zähflüssigkeit preisgab, jegliche Funktion und Verbindung zu anderen Dingen verloren.

Darin gipfelt die Erfahrung und so, bemerkt Antoine, »begriff ich, daß ich [...] den Schlüssel meines Ekels [...] gefunden hatte«. Ein Begreifen, das er später in Worte fassen würde: »Das Wesentliche ist die Kontingenz«. Sartre kommentiert, die Existenz bestehe darin, *hier zu sein*, ohne irgendeinen Grund. Und es gelte nicht, sich ein *notwendiges* Wesen – Gott – vorzustellen, um sie zu erklären. Die Behauptung aufzustellen, es bestehe ein notwendiges Wesen, sei nur eine Art und Weise, die Kontingenz zu verleugnen. Aber nein, die Kontingenz sei keine Illusion, sie sei die Wahrheit, setzt Sartre dem entgegen.

Alles ist zu viel, überflüssig, unbegründet. Es gibt keinen Grund, keine Notwendigkeit, kein Recht, worauf sich zu beziehen möglich wäre – ja, auch Sartre führt das Recht an –: Von nichts und niemandem kann man behaupten, er habe ein »Recht« darauf, zu sein.

Alles ist gefüllt, träge, ohne Kraft und ohne Ausweg: »die Existenz ist eine Fülle, die der Mensch nicht verlassen kann«. Nicht hinauskönnen: Die Parallelen mit dem levinasschen *Es gibt* und dem *literarischen Raum* Blanchots liegen auf der Hand.

Schließlich diskutiert Sartre mit der philosophischen Tradition, nun mit spezifischeren Argumenten. So meint er, dass die Frage Leibniz' keinen Sinn ergebe: »Man konnte sich nicht einmal fragen, wo das herauskam, das alles, noch wie es kam, daß eine Welt existierte und nicht vielmehr nichts.« Dafür, dass die Welt existierte, gab es keinen Grund. »*Aber es war nicht möglich,* dass sie nicht existierte. Das war undenkbar: um sich das Nichts vorzustellen, musste man schon dasein«. In dieser Hinsicht, in dem, was Sartre über die *Möglichkeit*[24] sagt, stimmt er wohl mit dem überein, was auch wir soeben mit der Neudefinition vorgeschlagen haben.

Antoine geht schließlich zum Café, in dem er häufig gesessen hatte, um sich von der Besitzerin zu verabschieden. Aus Dank legt diese erneut das Lieblingsjazzstück ihres Kunden auf: *Some of these days*. Zunächst sagt Antoine zu sich selbst: »Wenn man bedenkt, daß es Idioten gibt, die Trost aus den schönen Künsten schöpfen. [...] Sie glauben, daß die Schönheit mit ihnen fühlt«. Aber dann bemerkt er, dass jener Ton des Saxofons nicht auf die Vinylplatte zu reduzieren ist; dass er sie übersteigt und dass er auf irgendeine Weise die Kontingenz der seienden Dinge übersteigt: »an ihm ist nichts zuviel«.[25] Deshalb verspürt er gesunden Neid gegenüber den Sängern: »Diese beiden sind gerettet: der Jude und die Negerin«. Sie haben sich so weit gerettet, wie sich jemand nur retten kann. Und in dem Moment empfindet Antoine »eine Art Freude«.

Anhand seiner Romanfigur argumentiert Sartre, dass das Lied etwas sei, was der Kontingenz entkomme, denn er entdeckt darin eine Art notwendige Zusammenfügung: die der Noten, der Augenblicke. Das würde heißen, dass es sich bei der Melodie des Liedes nicht um eine Wirklichkeit handelte, die den beschriebenen Verfall zur undifferenzierten Masse zuließe. Die Wurzel des Kastanienbaums könnte mit der Masse verschmelzen, die Melodie jedoch nicht. Ihre »Definition« befreit sie von Zähflüssigkeit und Dekadenz.

KONTINGENZ UND GESANG

Einverstanden, das Lied ist eine Fährte, aber vielleicht nicht in dem Sinn, den Sartre beabsichtigt. Die Melodie des Jazz zeigt, dass es etwas ganz besonders gut Verknüpftes gibt, *was uns bis ins Innerste berührt.* Letzteres steht zwar nicht im Roman, lässt sich aber annehmen. Was kann es anderes sein, was uns geschieht, sobald wir ein gutes Lied hören?

Ja, der Gesang ist eine Fährte. Feiernder und umsorgender Gesang. Aber der Gesang rettet nicht durch seine Definition, seine Bestimmtheit im Stil des Platonismus, sondern durch seine Wärme und die Zuflucht, die er gewährt. Es ist nicht seine Bestimmtheit, die ihn über andere Dinge hinaus besonders macht, sondern die Tatsache, dass er, in doppelter Richtung, sowohl austreibt als auch bis ins Tiefste des Menschlichen vordringt.

Im weitesten Sinne ist der Gesang jede *freundliche Schwingung*, die sich auf das, was wir tun, überträgt. Auf ein Gedicht, auf eine Freundschaft, auf eine gute Arbeit ... Der Gesang – und seine vielfältigen Ausdrucksformen – ist Teil der Kontingenz, jedoch steht er weder mit Vermassung noch mit Absurdität oder mit dem Zuviel-Sein und auch nicht mit Unpersönlichkeit in Zusammenhang. Und wenn der Gesang die Melancholie begleiten kann, so begleitet er doch auch die Freude. In beiden Fällen gibt er Sinn und Mut.

Kurzum. Dies ist die Gleichung Sartres: Kontingent ist nicht notwendig, überschüssig, absurd. Und dies ist die alternative, die ich vorschlage: Kontingent ist nicht notwendig, anfänglich und unglaublich. Sartre spricht von Dingen, die in Richtung Vermassung streben können; ich spreche vom unglaublichen Anfang, der ein jeder ist – ein jeder jemand. Und noch kürzer gefasst: Sartre setzt kontingent mit *absurd* gleich, ich mit *unglaublich.* Trotz der Verschwommenheit dieses Wortes und seines umgangssprachlichen Gebrauchs ist es mit einer Reichhaltigkeit ausgestattet, die es als philosophisches Konzept geeignet macht, und entspricht dem, was man früher in bestimmten Gelegenheiten oft zu wiederholen pflegte: »Das Leben ist ein Geheimnis.«

Woher kommst du? Nirgendwoher. Das ist der unglaubliche Anfang.

Die ganze Welt ist ein unglaublicher Anfang – nicht Teile oder kausale Sequenzen im Einzelnen –; auch manche Dinge, die symbolisch für die Welt stehen, wie beispielsweise der Horizont oder das Licht; manche Tiere auf der Schwelle zur Einsamkeit. Aber vor allem ist jede Person ein unglaublicher Anfang, so wie manche Dinge, die sie tut oder hervorbringt. Der Gesang ist eines davon. Sowohl das einfache Schlaflied als auch die sublimste Kantate Bachs sind Schöpfungen, Kontingenz.

Dass weder das Wiegenlied noch die Kantate, noch du, noch ich, noch die Welt notwendig sind und dass wir unsere Existenz nicht mit Recht verdienen, will nicht heißen, dass wir absurd oder überschüssig wären, und auch nicht, dass wir das absoluteste und schnellste Verschwinden verdienten. Wir erahnen, dass die Bedeutung der Kontingenz nicht in diese Richtung auszulegen ist, obgleich wir es nie endgültig wissen können.

IV WAS IST LOS MIT DIR? (ZU VIELEM FÄHIG, ABER …)

Wer ist der Mensch? Jemand. Der einen Namen verdient. Der einen Namen erhält. Der sich hier befindet, sich hier vorfindet, nirgendwoher kommt, Anfang ist. Der sieht, dass er kann, dass er fähig ist und zudem seine technischen Fähigkeiten exponentiell hat wachsen lassen. Aber liegt darin der tiefste Kern des Menschlichen – im Können? Oder vielleicht eher in dem, was *ihm geschieht*?

DAS ICH ALS KÖNNEN UND DIE FÄHIGKEIT, VERSPRECHEN ZU GEBEN

Der Mensch zeichnet sich nicht durch seine physische Kraft, wohl aber durch seinen Einfallsreichtum, Vervielfältiger seiner Kraft, aus. Seine *technische* Kapazität macht es ihm möglich, von einer Anpassung an die Situation dazu überzugehen, sie beinahe vollständig zu verwandeln; dazu, eine Welt auf der Welt zu erschaffen. Von der ursprünglichen Instrumentalisierung eines Knochens oder eines Steins bis zur Konstruktion der hochentwickeltsten technologischen Systeme der Aktualität hat man ein und denselben Kurs verfolgt; und all das geschah in einem Wimpernschlag. Man versteht also, dass in philosophischen, anthropologischen und historischen Diskursen der Begriff *Können*, als Substantiv – *das* Können –, aber vor allem als Verb – *können* – am gebräuchlichsten war und auch weiterhin noch ist, um uns selbst zu charakterisieren. Auch heute sprechen wir noch in diesen Begriffen, sobald wir uns auf die Zukunft beziehen; so wiederholen wir auch weiterhin: in Zukunft *können wir …*; dabei immer voraussetzend, das Bedeutsamste unser selbst und unserer Bestrebungen sei die stetige Steigerung unseres Könnens. Die konsumorientierte Werbung macht sich diese Ader zu Nutze, indem sie uns unverfroren verstehen lässt, wir könnten beinahe alles – kaufen.

Aber die Darstellung des Menschen durch sein Können hat nicht nur mit der Geschichte des technologischen Fortschritts zu tun. Sie hängt auch mit der grundlegenden Erfahrung zusammen, die wir von uns selbst machen, in Form von *ich kann*. Ich erfahre mich selbst als *ich kann*; nicht als ich und danach als Können, sondern als Pol, der sich gerade in diesem Moment vom Stuhl erheben und laufen *kann* oder der weiterschreiben *kann* oder der sich etwas vorstellen *kann* oder der einen Entschluss fassen *kann* … Aus dieser simplen und wesentlichen Erfahrung kommen neue, ebenso wesentliche Worte hervor, wie beispielsweise *Wille* und *Freiheit*. Was ist der Wille? Die Substantivierung der Erfahrung des *Ich-kann-Wollen*. Und Wollenkönnen selbst bedeutet frei sein. Auf diese Weise werden die benachbarten Konzepte miteinander in Verbindung gebracht: Können, Wille, Freiheit.

Zweifellos ist es Nietzsche, der dieser konzeptuellen Sequenz am meisten Aufmerksamkeit geschenkt hat und dem es am besten gelang, sie zu feiern. Ihm zufolge bezieht sich die Problematik des Menschen auf einen, der aus der Natur austritt und der so einen Übergang zu einer anderen Seinsform darstellt, eine Seinsform, die gerade durch ihre Beziehung zum Können (bzw. zur Macht) bestimmt wird. Indes zeigten sich schon während dieses Übergangs beeindruckende Kostproben der Macht, wenn sie auch nicht immer als solche erkannt würden. Nietzsche erkennt diese allerdings, wenn er zum Beispiel in *Die Genealogie der Moral* meisterhaft die Fähigkeit zu versprechen (das Versprechenkönnen) als das herausragende Anzeichen des Menschen präsentiert: »Ein Thier heranzüchten, das *versprechen darf*: ist das nicht gerade jene paradoxe Aufgabe selbst, welche sich die Natur in Hinsicht auf den Menschen gestellt hat?«[26]

Um diese außergewöhnliche Fähigkeit richtig zu verstehen und auf angebrachte Weise zu werten, muss man sie laut Nietzsche mit einem ebenso herausstechenden und dazu im Kontrast stehenden Vermögen in Zusammenhang bringen: die *Fähigkeit des Vergessens* (die Vergesslichkeit). Das bedeutet, die Fähigkeit, etwas hinter sich zu lassen und einen Neuanfang, *tabula rasa*, zu machen und auf diese Weise, »ein wenig Stille« zu erzeugen. Ohne das positive und aktive Vermögen zu vergessen könne »es kein Glück, keine Heiterkeit, keine Hoffnung, keinen Stolz, keine *Gegenwart* geben«.

Zwar könnte man nun meinen, der Lobgesang auf die Fähigkeit zu versprechen würde überschattet durch das Vermögen zu vergessen, sicher ist jedoch, dass Nietzsche durch eine solche Anordnung der Elemente noch präzisieren kann: Gerade dank der Fähigkeit des Vergessens hat das menschliche Tier sich ein gegenteiliges Vermögen erschaffen, eine Art Gedächtnis, oder besser gesagt: das Vermögen (*poder*) des »Nicht-wieder-los-werden-*wollen[s]*, ein Fort- und Fortwollen des ein Mal Gewollten, ein eigentliches *Gedächtnis des Willens* ...«.

Das ist das Versprechen. Was für eine geniale Definition: das Versprechenkönnen als *Gedächtnis des Willens*! Sehen wir einmal genauer hin: Dieses Gedächtnis des Willens ist eine Macht (*poder*), die der Mensch über das Unbezwingbarste ausübt: die Zukunft. Das Versprechen entpuppt sich demnach als die Absicht, sich selbst und die Zukunft zu beherrschen; als die Absicht, immer das zu wollen, was man in diesem gegenwärtigen Moment will und sagt.

Mit seiner unermüdlichen analytischen Feinfühligkeit führt Nietzsche anschließend aus, wie diese Fähigkeit zu versprechen während der ersten Etappe der sozialen Entwicklung von einem Menschen ausgeübt wird, der lernt, sich voraussehbar und gemäß der Sittlichkeit der Sitten zu verhalten; von einem berechenbaren und einförmigen Menschen, der den anderen Menschen gleicht. Ja, eine Etappe der kleinen Töne, aber auch die, in der das Vermögen zu versprechen im Reifungsprozess ist. Ist die Frucht schließlich reif und wird das Vermögen in seiner ganzen Größe sichtbar, so tritt der Mensch als *souveränes Individuum* in Erscheinung. Stark und sicher, in der Lage, jedem noch so widrigen Umstand und sogar dem Schicksal gegenüber standhaft zu bleiben, macht der zum Versprechen fähige Mensch einen gigantischen Schritt in Richtung seiner Morgendämmerung.

Ein kleiner Einschub: Es ist beinahe nicht nötig zu sagen, dass wir mit dem Begriff des Versprechens nicht nur auf das Bezug nehmen, was ausdrücklich diese Form hat. Das Versprechen kann in der Art und Weise, zu sprechen, zu handeln oder gegenwärtig zu sein, völlig unausgesprochen mitschwingen. Es ist meine Geste, die auf die unsichere Zukunft projiziert wird. Es ist jede Geste, die bedeutet: »Was auch passieren mag, ich werde da sein«.

Also gut, die verdiente Blendung, durch die Worte Nietzsches ausgelöst, sollte kein zu großes Hindernis dafür darstellen, uns einer bedeutsamen Abwesenheit bewusst zu werden. Wie ist es möglich, dass in einer eingehenden Analyse des Versprechens der Andere, an den sich das Versprechen richtet, beinahe gar nicht angesprochen wird? Nietzsche setzt voraus, dass das Versprechen spontan aus dem nach Souveränität strebenden Ich heraus auftaucht. Aber handelt es sich hierbei nicht um einen entscheidenden Punkt, den man ganz anders begreifen müsste? Bevor ich auf diese Frage Antwort gebe, möchte ich zwei zeitgenössische Autoren erwähnen, die sich in ihren Ausführungen bezüglich des Versprechens ebenso von den Zeilen Nietzsches haben inspirieren lassen: die schon oben zitierte Hannah Arendt und Paul Ricœur.

In ihrem Hauptwerk *The Human Condition* erklärt Arendt, dass unser Handlungsvermögen in zwei Modalitäten seine Grenzen und seine Höchstleistung erreicht: beim *Verzeihen* und beim *Versprechen*. Zwei Handlungen, die in einer gewissen Parallelität zueinander stehen. Während das Verzeihen eine Art und Weise ist, mich mit der Unwiderruflichkeit meiner vergangenen Handlungen auseinanderzusetzen – jedoch nicht, sie zu überwinden –, ist das Versprechen eine Art und Weise, der Unsicherheit hinsichtlich meiner selbst in der Zukunft zu entgegnen.[27] Obwohl das, was getan, getan ist und die Vergangenheit vergangen ist – dies ist die Bedeutung der Unumkehrbarkeit –, ist die Haltung des Verzeihens: Wir können weitermachen, trotz allem … Die Macht des Verzeihens bewirkt, dass die Unumkehrbarkeit dessen, was geworden ist, nicht völlig erstarrt. Und ähnlich geschieht es mit dem Versprechen: Seine Macht bewirkt, dass auch die Unabsehbarkeit der Zukunft uns nicht völlig lähmt. Laut Arendt hängen die Ungewissheit und die Unvorhersehbarkeit der Zukunft damit zusammen, dass niemand sich völlig selbst vertrauen kann (niemand kann absolut sicher sagen, wer er morgen sein wird und welche Haltung er einnehmen wird), sowie mit der Tatsache, dass wir nie die gesamten Konsequenzen unseres Handelns voraussehen können. Das Vermögen, Versprechen zu geben, richtet sich wie eine besänftigende Kraft gegen diese doppelte Verdunkelung und Schwäche der menschlichen Angelegenheiten und ermöglicht auf diese Weise nicht nur das Leben in Gemeinschaft, sondern auch die Instandhaltung der Institutionen.

Im Unterschied zu Nietzsche betont Arendt, dass sowohl das Verzeihen als auch das Versprechen mit den Anderen zu tun hat. De facto setzen sie wie jedes Handeln *Pluralität* voraus, das heißt, die Tatsache, dass es kein isoliertes Ich, sondern die Individuen in ihrer Pluralität sind, die ins gemeinsame Leben gerufen werden, in einen gemeinsamen Raum – den öffentlichen Erscheinungsraum.

Jedoch liegt für Arendt – wie auch für Nietzsche – der Schwerpunkt weiterhin auf dem *Können*, das sich in diesem Handeln offenbart; einem Handeln, das dem gemeinsamen Leben Gegenwart gewährt und Horizont eröffnet, ungeachtet dessen, was jeder Einzelne hat tun können; und trotz der Unabsehbarkeit dessen, was jeder womöglich tun wird, und dessen, was geschehen mag. Mit anderen Worten: Wenn das gemeinsame Leben nicht an eine Regierung übertragen wird, die dann auf tyrannische Weise von oben die Dinge bestimmt, sondern auf die Horizontalität des öffentlichen Erscheinungsraumes und auf Absprachen und Verträge vertraut wird, dann ist unbedingt erforderlich, dass das Handeln »gewisse Inseln der Vorhersehbarkeit« und »gewisse Wegweiser des Vertrauens«[28] hervorbringt.

Verzeihen und Versprechen drückten demnach besonders gut das aus, was laut Arendt das Höchste des Menschlichen ist: die Fähigkeit zu handeln, das heißt, neu zu beginnen, anzufangen. Das menschliche Wesen ist das, was zur Welt kommt und dazu fähig ist, zur Welt zu bringen. Das ist die Freiheit: das Vermögen, etwas zu beginnen, jenseits der Naturgesetze oder jenseits jeder sozialen Trägheit. So wird der außergewöhnliche Wesenszug des Verzeihens, etwas zu beginnen, besonders deutlich, wenn man es beispielsweise mit der Rache vergleicht. Während die Rache der Logik einer bereits begonnenen Handlung folgt – die Rache ist eine »Reaktion«, die die Logik des empfangenen Bösen fortführt –, ist das Verzeihen im Gegensatz dazu ein neuer Anfang. Die Rache ist »natürlicher« als das Verzeihen. Aber das Verzeihen ist wertvoller und menschlicher als die Rache. Das Versprechen ist seinerseits eine Form, dem Gesetz des Todes entgegenzutreten, der Fatalität der Tatsache, dass jeder Sterbliche in Richtung Ende geht und sterben muss. Das Vertrauen in sich selbst und das Versprechen sind laut Arendt Weisen, der Verzweiflung angesichts der Fatalität nicht nachzugeben – der Verzweiflung, die darin besteht, einzugestehen, dass sich nichts lohnt, da das Ende unausweichlich ist. Das Vertrauen und das Versprechen wären dann Handlungen, die weiterem Handeln als notwendige Unterstützung dienten: Handlungen, die zu erkennen geben, dass der Mensch zwar sterben muss, jedoch nicht hier ist, um zu sterben, sondern um anzufangen.

Paul Ricœur behandelt das Thema des Versprechens, indem er Nietzsche und Arendt zitiert und deren Schritten folgt. Er entfaltet diese Thematik im Rahmen des Begriffs des *fähigen Menschen*, genauer gesagt, der menschlichen Identität als *Ipseität* (*Selbstheit*).[29] Für Ricœur ist die narrative Identität der Personen eine Verbindung zweier Ebenen miteinander: die eine *Idem* und die andere *Ipse* genannt. Ich bin der Gleiche im Sinne von *Idem*, indem ich manche Merkmale bewahre: Ich behalte immer den gleichen genetischen Code, meine Eltern bleiben immer dieselben, ich bin definitiv an einem Ort geboren … (sogar mein Charakter gehört in gewissem Sinn teilweise zu *Idem*: Darum sagt man manchmal über jemanden: »So war er schon als Kind.«). Etwas anderes ist die Identität als *Ipse*: Ich bestätige mich allmählich im Laufe der Zeit und zwar durch Vereinbarungen, Überzeugungen, *Versprechungen* … Dieses »Ich halte stand« des Versprechens ist der vollste Ausdruck der Identität als *Ipse*. Die Identität als *Ipse* ist das reflexive Selbst; ich, der ich mich verpflichte und mich für meine Handlungen verantwortlich fühle: »… das Versprechen können [setzt voraus], daß man sagen und handelnd auf die Welt einwirken, erzählen und die Idee der narrativen Einheit eines Lebens herausbilden und schließlich den Ursprung seiner Handlungen sich selbst zurechnen kann.«[30] Ich bin verantwortlich, nicht weil ich den gleichen genetischen Code behalte, sondern weil ich ich selbst bleiben *will*. Die Identität als *Ipse* kann sich sicherlich ändern: Die Überzeugungen, die ich jetzt habe, sind nicht die gleichen wie die, die ich früher hatte, und dennoch, das was sich nicht ändert, ist die *Absicht*, die ich habe, Überzeugungen zu verteidigen und für meine Handlungen einzustehen. Die gänzliche Unfähigkeit, für das geradezustehen, was man sagt und tut, würde das Verschwinden der Selbstheit bedeuten. Selbst wenn die Merkmale der Identität-*Idem* (Selbigkeit) auch blieben, gäbe es dann dennoch kein Subjekt mehr, das zu versprechen oder Verantwortung zu übernehmen in der Lage wäre. Es gäbe dann kein fähiges und verantwortliches Subjekt mehr, eine Situation, die man zum Beispiel in Fällen psychischer Erkrankungen beobachten kann.

Die Übereinstimmung Ricœurs mit Arendt und auch mit Nietzsche ist offensichtlich, allerdings gibt es einen wesentlichen Aspekt, der ihn von beiden unterscheidet und durch den sich mir der Weg bereitet. Ricœur zufolge ist das Ich im Kern schon vom Anderen durchdrungen, ist die Ipseität von der Alterität durchdrungen. Daher rührt auch der Titel eines seiner Bücher: *Soi-même comme un autre* (›Das Selbst als ein Anderer‹). Die Alterität ist, laut Ricœur, die theoretische Kategorie, die den radikalen Erfahrungen der Passivität (des Betroffenseins) entspricht. Wer verspricht, der ist, weil er schon durch den Anderen, oder durch das Andere, durchdrungen ist.

Tatsächlich deutet die Revision, die Ricœur in genau diesem Punkt an Nietzsches Ausführungen vornimmt, in die Richtung, die mich hier interessiert:

> »Vor allem aber sollte man die Reihenfolge zwischen Versprechendem und Nutznießer umkehren: zuerst setzt ein anderer auf mich und meine Treue zu meinem Wort; und ich entspreche seiner Erwartung. Damit knüpfe ich an meine Bemerkungen über die Verantwortung für den Verletzlichen als einen meiner Obhut Anvertrauten an.«[31]

ANTWORTEN AUF DAS, WAS UNS GESCHIEHT

So kommen wir dorthin, wo wir hinkommen wollten. Das menschliche Handeln ist vor allem *Antwort*. Radikaler, also grundlegender als das *Ich kann*, ist das Ich, das antwortet, da *ihm* etwas *widerfährt*. Können ist nicht Spontanität, sondern Antwort auf das, was *uns geschieht*. Verzeihen ist zweifellos die Antwort auf eine Verletzung. Und so auch das Versprechen. Die Mutter ist dem Kind ein Versprechen, so wie ein Bruder das für den anderen ist, der Geliebte für die Geliebte … Ich kann für meinen Sohn ein Versprechen sein, denn mein Sohn ist mir zuerst und unvordenklich auf eine ganz besondere Art und Weise widerfahren. Das Versprechen ist also Ausdruck meines Vermögens, allerdings noch mehr dessen, was mir geschieht. Mein Vermögen formt sich tatsächlich aus dem, was mir geschieht. Die Situation auf rigorose Weise zu beschreiben, ist gar nicht so einfach, und es ist normal, dass wir uns oft simplifizierend darauf beziehen. Man sollte sich allerdings bemühen, sie richtig zu verstehen und dieses Verständnis zu bewahren. Es muss nicht unbedingt etwas Klardefiniertes und Objektives geben, das mir widerfährt, sodass ich dann anschließend auf dieses Betroffensein antworte. Ich fühle mich betroffen, berührt, ja, und dieses Betroffensein hat bestimmte Eigenschaften und steht mit etwas in Zusammenhang. Das ist jedoch vielleicht gar nicht definierbar. Ist die Umarmung des Lebens oder das Vorbeistreifen des Todes vielleicht etwas, das mit einem kausalen Schema zu erklären wäre? Besser nicht. Auf vergleichbare Weise sind auch das Versprechen oder das Verzeihen keine Antwort *auf* die Ungewissheit der Zukunft bzw. *auf* die Unumkehrbarkeit der Vergangenheit, vielmehr sind sie eine Antwort auf das, was mir *in der Tiefe widerfährt* und das dann wohl mit der gerade erwähnten Ungewissheit sowie der Unumkehrbarkeit in Zusammenhang steht.

Es ist wahr, dass ich *anfange*, jedoch nicht aus dem Nichts, sondern aus dem Ergriffensein heraus. Die Handlung meines Anfangens ist eine Antwort. Ich, der ich Anfang bin, habe nicht die Initiative ergriffen. Meine Bewegung, die Anfang ist, ist eine Antwort. Nicht aus meiner vermeintlichen Freiheit heraus übernehme ich die Verantwortung, sondern dadurch, dass ich mich getroffen vorfinde, erzeuge ich meine Freiheit und orientiere sie.

Was kann man also zum unbestreitbaren Genie Nietzsches sagen, mit dem dieser das Versprechen durchleuchtet? Nun, dass er darin eine Offenbarung der Macht erkennt, jedoch kaum beachtet, was *demjenigen geschieht*, der verspricht. Indes ist das gebeugte Ich radikaler als das Ich im Nominativ. Das betroffene Ich ist grundlegender als das einnehmende, projizierende Ich. Etwas *geschieht uns* – und *übersteigt uns* – und *wir antworten*. Das ist die wesentliche Struktur der Subjektivität.

Uns geschieht etwas und deshalb versprechen wir. Uns geschieht etwas und deshalb bemühen wir uns, zu vergessen. Tief im Innern geschieht uns etwas und deshalb gibt es das Unvergessliche.

Tatsächlich besitzen wir ein bemerkenswertes Vermögen zu vergessen, aber diesem zum Trotz gibt es da noch das *Unvergessliche*. Außer in kurzweiligen Momenten kann ich weder das Leben noch den Tod vergessen. Warum? Das Unvergessliche wird nicht durch unsere gedankliche Speicherkapazität zum Unvergesslichen und auch nicht durch unsere Entschlossenheit, es zu behalten. Nicht aufgrund unserer Kraft wird das Unvergessliche unvergesslich, sondern aufgrund unserer schon offenen Verletzbarkeit. Das Unvergessliche ist unvergesslich, *daran können wir nichts ändern*, und es macht uns im Intimsten unseres Wesens aus.

Das Unvergessliche ist gekommen, es geht nicht mehr weg und es übersteigt, überfordert uns – verletzt uns – durch diese Überschreitung, diesen Überschuss (*excés*). Seine Gegenwart ist zugleich eine Abwesenheit. Es ist keineswegs objektiv: Wir können es nicht steuern, es weder in einer Schublade verstauen noch in einer Idee fassen. Die Umarmung des Lebens und das Vorbeistreifen des Todes sind Teil davon.

Momente der Waffenruhe kennt das Unvergessliche nur dank des Schlafes oder dank mancher immer nur vorübergehenden Ausflüchte und Unterbrechungen. Hinter dem Vorhang dieser Ausflüchte wartet das Unvergessliche unausbleiblich. Ausflüchte, die hin und wieder notwendig, gesund und heilend sind – aufgrund des nicht dringlichen Ernstes des Unvergesslichen.

Ja, manchmal wollten wir uns vom Unvergesslichen losmachen. Paradoxerweise können wir uns auch wünschen, uns an das Unvergessliche zu erinnern. Tatsächlich erscheint gerade hier eine gute Definition des spirituellen Lebens: für das Unvergessliche Sorge tragen. Für das Unvergessliche Sorge zu tragen, ist eine Art und Weise, darauf zu antworten. Das Unvergessliche überfordert uns, es übersteigt uns. In diesem Überschreiten erscheint allerdings gleichzeitig eine Orientierung, etwas, das mir einen Weg zeigt. Die Sorge ist demnach Achtsamkeit und Bemühen, ihm zu folgen.

Wer verspricht? Wer verzeiht? Wer erlebt das Unvergessliche? Gerade derjenige, der *getroffen, gerührt ist* (*està tocat*). Dieser Ausdruck ist sehr verlockend: als ob das, was am meisten bewegt, dem Tastsinn (*tacte*), der Begegnung (*contacte*), der Haut eigen ist. Nicht umsonst ist die Haut – zusammen mit dem Herz – ein Symbol der Empfindsamkeit. Deshalb können wir uns, ungeachtet ihrer aktuellen wissenschaftlichen Bedeutung, die sonderbare und geglückte Beobachtung Aristoteles' zunutze machen: Der Mensch hat »von Natur von allen Tieren im Verhältnis zu seiner Größe die feinste Haut«.[32] Also könnte man auf die Frage »Wer ist der Mensch?« antworten: *Der mit der dünnsten Haut.* Dünne, Schwäche und Zartheit: in alldem liegt die Besonderheit des Menschlichen.

Es gibt einen ängstlichen Blick, aber auch der Tastsinn und die Hände können vor Angst durchweicht sein. Die haltende Hand ist schon gehalten worden, und wenn nicht, dann wartet sie darauf. Die berührende Hand ist schon berührt worden. Deshalb stellen Tastsinn und Hände viel mehr als ihre instrumentelle Fähigkeit dar. Sogar im Gebrauch findet sich gewöhnlich mehr als nur Gebrauch. So definiert Simone Weil die Arbeit wie folgt: »ganz in seinem Innersten die Existenz der Welt spüren«.[33] Wäre die Arbeit nicht entfremdet, würde man durch ihren instrumentellen Charakter im Von-der-Welt-betroffen-Sein selbst erschwingen. Wäre die Arbeit nicht entfremdet, gäbe es nicht nur eine tatsächliche Beziehung zu den Dingen und zur Welt, sondern es ergäbe sich durch diese weltliche Vermittlung auch eine Beziehung zu uns selbst (Reflexivität). Anders gesagt: Beim Berühren spüren wir uns; beim Berühren berühren wir uns. Das zeigt, dass es nicht unbedingt der Rückzug von der Welt ist, der das Leben steigert, sondern eine Art von Beziehung mit der Welt; das Leben intensiviert sich in der *Begegnung* mit der Welt.

Feinheit der Haut und Feinfühligkeit bzw. Tastsinn (*tacte*) sind also Symbole der Empfindsamkeit, der Öffnung, der Rezeptivität. So lautet die Litanei, die immer wiederholt werden sollte: Das Gegenteil der Aufnahmebereitschaft ist die Schließung und Schließung bedeutet Gleichgültigkeit. An Menschlichkeit zu wenig zu haben, zeigt sich in fehlender Feinfühligkeit, in Kälte und in Gleichgültigkeit. Zu wenig Menschlichkeit ist Prolog der Unmenschlichkeit. Die Schmälerung der Menschlichkeit kann mit einem gewissen ästhetischen Vergnügen vereinbar sein oder sogar mit vermeintlichen kulturellen Raffinessen. In der Miene solcher Raffinessen macht sich jedoch der wesentliche Mangel spürbar: Früher oder später kann die Kälte nicht verborgen bleiben.

Es gehört zu der gleichen Litanei und sollte wie ein unerlässlicher Zusatz immer wiederholt werden, dass die Unmenschlichkeit stumm ist, denn die Worte, die sie unter Umständen begleiten können, sind keine Antwort – keine Worte. Tatsächlich ist das Zuhören mit dem Tastsinn, der Feinfühligkeit, vergleichbar. Auch das eintreffende Wort berührt. Zuhörenkönnen bedeutet, Berührung zuzulassen. Wirklich sprechen können wir nur, weil wir zugehört haben. Das kommende Wort tritt ein, sowohl durch das Gehör als auch durch die Durchlässigkeit der Haut. Das auf uns zukommende und berührende Wort lässt nicht verstummen; verurteilt nicht zur Stummheit, ganz im Gegenteil, es macht verantwortlich; das heißt, es fragt um Antwort. Das kommende Wort erlegt sich deinem nicht auf: *Es gibt dir das deine.* Schweigen ist dem eigen, der antwortet. Das menschliche Schweigen ist Ausdruck von jemandem, der versteht, dass sein Sprechen eine Antwort ist; eine Antwort, die je nach Situation süßlich oder bedrückt, mutig oder zögerlich, verkündend oder zurückhaltend sein kann.

Sich berührt fühlen, sich beim Zuhören eines kommenden Wortes vorfinden, das sind deutliche Zeichen dafür, dass die wesentliche Situation weder die des Vermögens noch die des Unvermögens ist, sondern die einer grundlegenden Verletzbarkeit, welche Bedingung der Möglichkeit beider ist – des Vermögens und des Unvermögens.

Physische und spirituelle Feinheit der Haut: Verletzlichkeit. Feinheit der Haut, die den Einschnitt und die unsichtbare Öffnung zugelassen hat. Feinheit der Haut, die uns das untragbare Privileg der unendlichen Verletzung beschert. Feinheit der Haut und Verletzlichkeit der Seele bedeuten dasselbe.

Paradoxerweise hält die Haut trotz – oder dank – der durch die Arbeit hervorgerufenen Schwielen. Andrej Platonov erzählt in seinem Roman, der gerade das Wort *Dshan* – was »Seele« bedeutet – als Titel trägt, aus dem durch Hindernisse geprägten Leben einfacher Leute. Menschen, die kaum etwas besitzen, außer aber Seele, viel Seele, denn Seele wird die Fähigkeit genannt, zu fühlen und zu leiden und genau darum auch zu denken und zu kämpfen.[34] An Kälte und Erschwernis gewöhnt weinen raue und verhärtete Hände heftige Tränen bei jeder noch so kleinsten Berührung durch die Wärme und Zärtlichkeit eines Anderen. Im Gegensatz dazu sind es oft Hände, die eine leuchtende und feine Haut zu haben scheinen, in Wirklichkeit aber kalt und unsensibel sind. Es gibt bescheidene Leute, denen, sobald man ihnen die Hand gibt, Tränen in die Augen steigen. Denn Hände und Augen sind das sichtbare und unsichtbare Gesicht der Seele.

V VERLETZT, IN DER TIEFSTEN MITTE DER SEELE

DIE FALTUNG DES FÜHLENS

Verletztes Ich, ein unteilbarer Ausdruck wie der des schon erwähnten *Ich kann*. Das Ich ist das verletzte Ich, das heißt, offen und unwiderruflich ergriffen durch etwas, was ihm geschieht und was es ausmacht. Es ist nicht so, dass das *Ich kann* sich verletzen würde, sondern das *verletzte Ich* kann. Was würde sich sonst hinter so vielen Aufopferungen verbergen, hinter so vielen Versprechen? Was, hinter so viel Mitgefühl?

Die Verletzung setzt eine wahrhaftige Offenheit voraus. Die Begriffe *Berührbarkeit*, *Verwundbarkeit*, *Empfindsamkeit* oder *Passivität* sind ebenso treffend, um diese Offenheit zum Ausdruck zu bringen, vorausgesetzt, sie gewinnen ihre ursprüngliche Stärke zurück und man gebraucht sie nicht mit Automatismus. Um die Trägheit zu vermeiden, ein inspirierendes Bild einzuführen, die Möglichkeit zu haben, die Dinge von Grund auf neu zu denken und vor allem das darin innewohnende Erklärungspotential zum Vorschein zu bringen, habe ich das Konzept der *Faltung des Fühlens* (*replec del sentir*) vorgeschlagen.[35] Menschsein bedeutet, einen so hohen Grad an Offenheit erreicht zu haben, dass die ansteigende Linie der Empfindsamkeit sich vor lauter Höhe nach unten neigt und über sich selbst beugt und dadurch mehr Raum in der Breite, mehr Tiefe zulässt. Höchste und zugleich tiefe Empfindsamkeit also. Ein doppeltes, intensiviertes Fühlen: das ist das Menschliche. Die Faltung des Fühlens, äußerste Berührbarkeit, ist gerade durch ihre Tiefe und die doppelte Linie der Falte eine Art radikale Reflexivität: Unumgänglich und auf wunderbare Weise fühle ich, dass ich fühle.

Dieses *Sich-Fühlen* ist Klarheit und Situation – situiert werden. Das Wort *Bewusstsein* ist erst sehr spät aufgetreten, um diese grundlegende Klarheit zu benennen. Allerdings möchte ich es lieber nicht zu oft gebrauchen, da ich nicht viele Vorteile darin sehe, verglichen mit grundlegenderen, radikaleren Begriffen des Fühlens: Wir fühlen, dass wir fühlen; »leben« bedeutet daher für uns Menschen, *sich selbst vorzufinden, sich situiert, in Situation zu empfinden*. Dieses Sich-situiert-Fühlen bedeutet Klarheit: Wir bemerken es. Die Klarheit ist einer der möglichen Ausdrücke der Faltung des Fühlens. Nun ist es allerdings nicht diese für das Verstehen der modernen Philosophie so ausschlaggebende Fährte, die ich hier in erster Linie weiterverfolgen möchte, sondern eine andere, dazu parallel verlaufende: Diese erweist sich als besonders aufschlussreich in Bezug darauf, was nun die herausragende Einzigartigkeit des Menschlichen ausmacht; und zwar die der Art des Ergriffenseins, das die Faltung des Fühlens hervorbringt und das dank der Faltung des Fühlens hervorgebracht wird.

So wie das heranwachsende Kind eines Tages den Kopf über die Fensterbrüstung hinausstrecken kann, so überwindet man auch eine Schwelle besonderer Art, sobald die Empfindsamkeit zunimmt: die Schwelle des Menschlichen. Sicherlich ist die biologische Evolution bewundernswert, jedoch liegt das besondere Geheimnis in der Tatsache, dass diese Evolution zu einer Höhe (einem Fenster) führt, von der unsere empfindsamen Fasern berührt, getroffen werden und die über das strikt Dingliche und Objektive hinausgeht. Die Besonderheit des Menschen besteht darin, die Fensterbrüstung erreicht zu haben – die Brüstung des metaphysischen Fensters – über deren Abschirmung hinaus sich die *unendliche Verletzung* auftut.

Die unendliche Verletzung ist zugleich Ausdruck der Berührung durch die Unendlichkeit und Erzeugung der Innerlichkeit. Auch hier sollte das kausale Schema vermieden werden; die Schwelle zu überschreiten bedeutet *zugleich* Faltung des Fühlens und unendliche Verletzung. Die Weiträumigkeit der Innerlichkeit (die auch *Selbst*, *Subjektivität*, *Ich* genannt wird) geht mit diesem tiefen und unvergleichlichen Getroffensein einher, das wie eine Wunde aufklafft. Faltung des Fühlens und unendliche Verletzung entstehen gleichzeitig und von Kopf bis Fuß. Die Seele ist das Beben, in das ich durch die unendliche Verletzung versetzt werde.

So nähern wir uns nach und nach: Wer ist der Mensch? *Jemand, der einen Namen trägt und verwundet, verletzt ist, durch das Unendliche.*

Aber handelt es sich um eine unendliche Verletzung oder um mehrere?

DER KREUZFÖRMIGE SCHNITT DER UNENDLICHEN VERLETZUNG

Nicht zu definieren ist das Unendliche und auch der Überschuss (*excés*) des Unendlichen in uns. Der Versuch, sich dem anzunähern, sollte also behutsam und flexibel sein. So handelte es sich zum Beispiel keineswegs um einen Irrtum, wenn Karl Jaspers bei der Erklärung seiner Theorie der *Grenzsituationen* diese nicht immer auf die gleiche Weise anführte.

Für eine solche Flexibilität spricht, dass die unendlichen Verletzungen einander *überschneiden*; dass der Einschnitt einer jeden den der anderen berührt, wodurch jede einzelne immer auch ein wenig von den anderen hat. Diese Verbindung macht es möglich, von vier unendlichen Verletzungen wie von einer einzigen zu sprechen, die sich durch den konzentrischen Schnitt der vier bildet.

Wie sollte man beginnen, diese Verletzungen zu benennen? Aus der poetischen Inspiration erhalten wir Unterstützung, ja ein unschätzbares Geschenk. Mit der aufrichtigsten Bewunderung zitiere ich das Gedicht *Er kam mit drei Wunden* von Miguel Hernández, das wir so oft gesungen hören konnten:

Er kam mit drei Wunden:
der der Liebe,
der des Todes,
der des Lebens.

Mit drei Wunden kommt er:
der des Lebens,
der der Liebe,
der des Todes.

Mit drei Wunden ich:
der des Lebens,
der des Todes,
der der Liebe.[36]

Dass *ich* – dass jedes *Ich* – von diesen Verletzungen ausgehend definiert werden kann; dass das Leben und die Liebe zwei von ihnen sind, d.h. dass man sie als Verletzungen begreifen kann; dass es eine Beziehung – oder eine Dramatik – zwischen den dreien geben kann; oder dass alle drei sogar nur unterschiedliche Namen der gleichen Verletzung sind,[37] ist keinerlei Willkür noch irgendein Kunstgriff. Die reiche Inspiration des Poeten trägt wunderbare Früchte. Dennoch ist die Aufstellung der unendlichen Verletzungen, die ich nun unter Berücksichtigung der oben erwähnten Flexibilität vorschlage, vierfach – und mit einer kleinen weiteren Abweichung versehen –: die Verletzung des *Lebens*, die des *Todes*, die des *Du* und die der *Welt*.

Die vier unendlichen Verletzungen bilden eine Spalte in Form eines liegenden Kreuzes. Im Mittelpunkt laufen die vier Einschnitte zusammen, wodurch jede einzelne von ihnen die anderen berührt:

In dieser Aufstellung verbinde ich das, was die Verletzung herbeiführt, mit dem Namen, den man der zurückbleibenden Verletzung geben könnte. Der Mensch als Verletzter; verletzt durch *das Leben*, *den Tod*, *das Du* und *die Welt*. Die Verletzung des Lebens kann man auch *Genuss* nennen; die des Du *Liebe*; die des Todes *Angst*; die der Welt *Überschattung*. Noch plastischer ausgedrückt: Der Genuss ist die *Umarmung des Lebens*; die Angst ist das *Vorbeistreifen des Todes*; die Liebe die *Gegenwart des Du*; und die Überschattung das *Geheimnis der Welt*. Nebenbei erleichtert diese etwas metaphorischere Annäherung die besondere und weitläufige Verwendung des Begriffs *Verletzung*, wenn er auf jede einzelne dieser vier Berührungen bzw. Erschütterungen angewandt wird. Die Verletzung des Lebens, bzw. die Umarmung des Lebens, ist der Genuss, die dem Sich-lebend-Fühlen innewohnt. Die Verletzung des Todes ist die Angst – im spezifischen Sinn, den Kierkegaard und Heidegger diesem Wort verleihen. Die Verletzung des Du ist die Liebe, vor allem in ihren intensivsten und stärksten Formen. Und die Verletzung der Welt entspricht der klassischen Thematik des *thaumazein*, des Staunens, allerdings in all seiner Stärke begriffen und nicht schon abgemildert im Schema einer Bewunderung, die sich auf die kognitive Ebene reduzieren ließe.

Vier Verletzungen und ein einziger Einschnitt. Oder vier Einschnitte und eine einzige Verletzung. Diese schlichte, zusammengefügte Figur hilft, die enorme Nähe zwischen den grundlegenden Erfahrungen zu begreifen: Genuss, Angst, Liebe und Überschattung. Es gibt einen Bereich in der Mitte von bedeutender Überschneidung und Übergängen zwischen allen vieren. Das kennen wir alle aus eigener Erfahrung: Wie einfach ist es doch, nicht nur von der einen zur anderen überzugehen, sondern auch zu fühlen, wie verbunden sie untereinander sind! Im Folgenden spreche ich daher, ohne einen Unterschied zu machen, von der unendlichen Verletzung; von den Einschnitten der unendlichen Verletzung; oder von jeder einzelnen der vier unendlichen Verletzungen.

Bevor ich jedoch das Thema weiter auslege, muss ich noch etwas hinzufügen. Indem ich den Schnitt kreuzförmig zeichne, drängt sich eine Parallele auf, die es aufzuzeigen lohnt. In seiner ausdauernden Beschäftigung damit, das Sein zu denken bzw. das zu denken, was kein Seiendes (kein Ding) ist und uns seiner Meinung nach dennoch das Nächste ist, erprobt der späte Heidegger eine kuriose Figur. Er zeichnet ein Kreuz über das Wort *Sein*: Sein, und erklärt, dass er mit diesem Kreuz das *Geviert* andeuten möchte, das eine Art Struktur oder Spiel zwischen den Sterblichen, den Göttern, dem Himmel und der Erde darstellt. Er verteidigt in diesem Zusammenhang, dass das Denken des Seins dem Denken des Kreuzes des *Gevierts* gleichkommt und dass der Mensch eines der Elemente dieses Kreuzes ist. Nicht die Mitte: denn die Mitte ist das Sein. Heidegger möchte mit dem Kreuz vor allem das Sein denken; ich bemühe mich, mit dem Einschnitt der unendlichen Verletzung vor allem den Menschen zu denken. Auf der einen Seite das Kreuz des Seins (Sein) und auf der anderen Seite die kreuzförmige Verletzung des Menschen (Mensch). Darum hütet sich Heidegger, seine Philosophie als neuen Humanismus zu beschreiben. Und damit hat er recht, es ist wohl besser, die Ismen beiseitezulassen; alles Weitere betreffend stören mich die Resonanzen mit dem Wort *Humanismus* allerdings nicht. Zwar besteht eine gewisse Ähnlichkeit, formell und materiell sind das Kreuz des Seins und die Verletzung des Menschen jedoch nicht miteinander zu vereinen: Andreaskreuz des Seins und Verletzung des Menschen. Letzteres ist mein Kreuz, das keineswegs eine Variante des heideggerschen, sondern eine Alternative hierzu darstellt.

Kreuzförmiger Einschnitt der unendlichen Verletzung: Das ist das Wesen des menschlichen Lebens. Die Faltung des Fühlens kam zusammen mit dieser Verletzung auf, ist untrennbar von ihr. Man kann zugleich sagen, dass die Faltung die Verletzung hat auftreten lassen, wie auch, dass die Verletzung die Tiefe und Innerlichkeit der Faltung hervorgerufen hat. Das Schema des Aufeinanderfolgens wird damit überwunden.

Einige klärende Bemerkungen können jedoch dabei helfen, die Bedeutung der kreuzförmigen Verletzung nach und nach richtig auszuarbeiten. In der genannten Aufzählung (Leben, Tod, Du, Welt) vermisst vielleicht der ein oder andere das Wort *Gott*. Aber es ist nicht so, dass er nicht da wäre. Die Archäologie des Göttlichen entspricht im Pantheismus dem Geheimnis der Welt und in den monotheistischen Religionen, besonders in der christlichen, dem Geheimnis des Du.

Wie wir sehen, ist die Schwierigkeit des Aufzählens teilweise durch die *Unendlichkeit* jeder einzelnen Verletzung begründet. Es handelt sich um Formen des Betroffenseins von etwas, was nicht so vollständig *bestimmt* werden kann, wie es beispielsweise eine Partie Schach, ein Tretroller oder ein Kilo Mehl sein kann. Das, was uns widerfährt, tritt in keinerlei intentionales (oder normatives) Projektfeld ein und ist daher auf gewisse Weise *unendlich* (nicht endlich), ja offenbart eine Art grundlegende, radikale *Tiefe* – oder *Alterität*.

Die Verletzung wird uns zugefügt und übersteigt uns. Ihr Übermaß deutet zugleich auf ihre Unendlichkeit hin, wie auch auf die Unmöglichkeit, sie zu vernähen. Der Einschnitt geht nach innen, ihre Wirkung hingegen umschließt und durchdringt uns gänzlich. Und wir schaffen es nicht, mit ihr das Gleiche zu tun, weder sie zu überblicken noch sie zu umfassen.

Die Einschnitte der unendlichen Verletzung sind *diachronisch*, im Sinne von nicht augenblicklich. Sie treten nach und nach auf, und wenn sie auch von Beginn an tief sind, können sie sich noch weiter vertiefen. Leben ist, als überstiegten die Verletzungen einen immer mehr, und leben lernen heißt zu lernen, jenes Übermaß zu begleiten und darauf zu antworten, wenn die Antwort auch immer mit Verspätung eintrifft. Tatsächlich können wir gerade wegen ihres Übermaßes nie zeitgleich mit der Verletzung sein. Wie könnten wir auch Zeitgenossen des Unendlichen sein? Überschritten und immer schon verspätet schaffen wir es nie, mit unserer Situation, zur Welt gekommen zu sein, zeitlich genügend übereinzustimmen, und so auch nicht mit unserer Erfahrung des Todes. Die Verspätung bedeutet, dass wir es nie zustande bringen, vollkommen zu antworten. Leben lernen heißt auch, zu lernen, diesen Rückstand anzunehmen, ihn auf sich zu nehmen sowie zu lernen, dass die Antwort, selbst wenn sie richtig ist, dem nie wirklich gewachsen ist. Das Übermaß kann unerträglich werden und das fehlende Maß pathologisch, wenn es keine Antwort gibt oder wenn die Antwort deutlich abwegig oder unstimmig ist.

Die Verzögerung der Antwort geht mit der *Unmöglichkeit* einher, die unendlichen Verletzungen *zu vernähen*. Aufgrund ihres so besonderen Wesens fordern sie tatsächlich nicht, geheilt, sondern, wie oben beschrieben, begleitet zu werden. So geht es keineswegs darum, sie schließen zu wollen – das hieße, sie zu überwinden –, sondern vielmehr ihrer Bewegung gerecht zu werden. Der *Passivität* der Verletzung entspricht die *Leidenschaft* der Antwort. Paradoxerweise deutet die Sorge somit weder in Richtung des Vernähens noch in die des Schließens, sondern in Richtung des Bewegens, dahin, zu begleiten und zu schaffen. So kann es selbst vorkommen, dass die beste Art und Weise, eine Verletzung zu begleiten, bedeutet, sie zu vertiefen und aufzubringen.

Die Sorge vertraut darauf, dass die unendliche Verletzung *erzeugend wirkt*. Die unendliche Verletzung ist wie eine Furche, eine Furche im Menschen, eine Furche, die den Menschen hervorbringt und die Pflege (Fürsorge und Kultur, *cura i cultura*) erfordert. Die Verletzung ist eine Furche, in der das, was verletzt, einen Keim zurücklässt, der wachsen, reifen und Früchte tragen kann. Die Seelsorge ist nichts anderes als eine immense Arbeit an diesen Furchen. Ich habe allerdings schon vorweggenommen, dass die Fruchtbarkeit der unendlichen Verletzungen weder mit masochistischer Schmerzlichkeit noch mit jeglicher Art Loblied auf das Leiden oder dessen Rechtfertigung zu tun hat. So wie es dabei auch nicht um den Spruch geht – durch Theologien verbreitet, die sich in diesem Punkt vom Leben entfernen –, dem zufolge es heißt: »Es gibt nichts Schlechtes, das nicht auch für etwas Gutes geschehe«.[38] Nichts von alldem, gar nichts. Das Böse und das Leiden gilt es endlos zu bekämpfen, jetzt und für alle Zeit. Das schließt allerdings nicht aus, dass jeder Einzelne sich bemüht, an alldem, was ihm passiert, und selbst am Schmerzlichsten zu reifen.

Jeder bestimmt sich selbst dadurch, sich in der Krise der Verletzung aufrechtzuerhalten, sowie durch die Geduld des Antwortens, d. h. in der unaufhörlichen Berufung zu antworten. Das ist das Menschlichste des Menschen: die unendliche Verletzung und die Sorge – die Sorgfalt – darum, Antwort zu geben. Aufrechtgehaltene Achtsamkeit, Geduld. *Pathos* und Bewegung der Antwort.

Die Verletzung macht aufmerksam auf das, was uns verletzt, aber auch auf uns selbst als passives Subjekt der Verletzung. Transzendenz und Reflexivität: zusammen. Die Aufmerksamkeit auf das gerichtet, was uns übersteigt (*ens desborda*), ist gleichzeitig Aufmerksamkeit auf uns selbst gerichtet, als Überforderte (*desbordats*) – diese zweite ist eine gegen jegliche Art von Verschlossenheit und Grübelei immunisierte Aufmerksamkeit. Je nachdem, wie man es betrachtet, ist die ganze Geschichte der Philosophie nichts anderes als eine enorme Randbemerkung zu diesen vier unendlichen Verletzungen. Und sei es lediglich, um deren Wirkungsbereich ein klein wenig anzudeuten, nehme ich im Folgenden kurz Bezug auf jede einzelne.

DIE UMARMUNG DES LEBENS

Das Leben erreicht uns, aber nicht von außen, sondern aus dem Innern selbst. Die Umarmung des Lebens ist keine himmlische Umarmung eines universellen Lebens. Sie tritt zwar als umgebend in Erscheinung, jedoch vom Grund her, aus der Wurzel (*radicalitat*) heraus. Sie öffnet sich aus dem Stamm heraus und die von ihr ausgehende besondere Mischung aus Klarheit und Wärme durchdringt alles. Zu fühlen, dass man lebt, heißt, zu fühlen, dass man in der Klarheit und in der Wärme lebt, die sich in allen Lebensinhalten abzeichnen. Darum kann man von Vergnügen sprechen, oder vielleicht sogar eher noch vom *Genuss* des Lebens. Leben ist ein Genuss (*gust*). Das Leben schmeckt und man hat Lust darauf. Darum ist die Verletzung des Lebens *süß*. Und darum bedeutet, das Leben zu intensivieren, nichts anderes, als sich zu bemühen, seinen Geschmack (*gust*) zu intensivieren, es noch genussvoller, wohlschmeckender zu machen. Jeder Schmerz wird dadurch definiert, hierzu im Gegensatz zu stehen. Jedes Leid bricht bitter ins Leben hinein.

Da die Umarmung des Lebens der Genuss und der (gute) Geschmack des Lebens ist, ist die Klarheit des Lebens eine warme und süße Klarheit. Der Genuss des grundlegenden Sich-selbst-Erfahrens. Der Wohlgeschmack (*sabor*) davon, sich selbst lebendig zu erfahren (*saber-se vivint*),[39] davon, sich lebend zu fühlen.

Man wird es schon erraten haben: Die Umarmung des Lebens ist die Faltung des Fühlens selbst; sie ist die Umarmung, die von dem Moment an alle *Dinge des Lebens* umfasst: Ich mit dem Gewebe aus Beziehungen der grundlegenden Situation. Denn es gibt weder ein *reines* Ich noch ein *nacktes* Leben. Die Faltung ist die Umarmung, die alle Inhalte des Lebens umschließt: alles, was mir geschieht, alles, was ich tue. Die Faltung ist die bebende Umarmung, die all das, was sie erreicht, zum Schwingen bringt.

Und gerade durch diese wohlschmeckende Umarmung des Lebens ist nicht einmal die Notwendigkeit bloße Notwendigkeit. Wahrscheinlich liegt darin der Fehler eines gewissen Stoizismus. Notwendigkeit ist beim Menschen auch der Inhalt und infolgedessen der Genuss des Lebens. Wir leben von der Luft, die wir atmen, und wir atmen nicht nur, um zu leben. Beim Menschen werden die Notwendigkeiten auf die Inhalte und die Nahrung des Lebens selbst übertragen. Ein Brot zu essen gleicht deshalb der Entdeckung eines mathematischen Theorems oder dem Singen eines Liedes. Das Brot ist nicht nur ein Mittel, sondern wie das Lied oder die mathematische Anschauung auch Genuss des Lebens. Möge es gut schmecken! Und ja, all das ist schon eine Wonne und ein Vergnügen.

Die Verletzung des Lebens bewirkt, dass »leben« heißt, sich in diesem Gewebe der Verbindungen lebend zu spüren. Die unfreiwillige Rückbezüglichkeit – sich spüren – stellt die Unabhängigkeit und die Subjektivität des Ich dar – ich bin ich, der mich spürt –;

eine Unabhängigkeit jedoch, die aus den fortwährenden Abhängigkeiten von allen Inhalten des Lebens gemacht ist.

Ich schließe mich der volkstümlichen Weisheit an, der zufolge man »mit wenig glücklich sein sollte«. Nun, ich schließe mich ihr an, insofern man den Nachdruck auf dieses *wenig* legt und es angemessen interpretiert. Man sollte dabei sehr genau sein und bemerken, dass dieses Wenige schon viel ist. Es ist ein Weniges, das nicht *fast nichts* bedeutet, sondern *das Wesentliche*. Das Antonym dieses Wenigen ist *zu viel*, was das Leben nicht so sehr füllt, sondern es eher übersättigt und verdirbt. Es braucht nur wenig zum Leben …, und dieses Wenige ist ein Wunder: Brot, Zuhause und Gesang. Wenn Violeta Parra ein Lied schreibt, das sie »Gracias a la vida« nennt, dann legt sie uns darin keine lange Liste nahe, von Dingen, für die man dankbar sein sollte, sondern erwähnt nur ein paar, die genug sind, das Wichtigste auszudrücken. Wenig ist viel. Und zu viel ist nichts.

Die Verletzung des Lebens ist die wohlschmeckende und bebende Umarmung, die von innen kommt und die, indem sie sich öffnet, dieses großartige Wenige versammelt.

DAS VORBEISTREIFEN DES TODES

Das Vorbeistreifen des Todes stellt dagegen das Erzittern dar, das Erschaudern der Faltung des Fühlens, die Angst. Der Mensch ist sterblich, nicht durch das Ableben, das alle Lebewesen gemein haben, sondern dadurch, dass die Erfahrung, von diesem unausweichlichen Schicksal betroffen zu sein, unsere Lebensweise mit am stärksten bestimmt.

Schon Platon lehrte, dass philosophieren bedeute, das Sterben zu lernen. Andere haben daran erinnert. Was könnte anderes damit gemeint sein, als dass die Philosophie eine Sorge darstellt – eine Begleitung – der Verletzung des Todes? Im Folgenden entferne ich mich allerdings ein wenig von diesem eher klassischen Gedankengang und gebe ein Beispiel für die Verletzung des Todes aus dem lakonischen und erschütternden Bekenntnis des schwedischen Schriftstellers Stig Dagerman:

»Mir fehlt es an Glauben und ich kann auf diese Weise nicht glücklich sein, denn ein glücklicher Mensch käme niemals dazu, zu befürchten, sein Leben sei ein einziges Herumirren, ohne Ziel und zum sicheren Tod hin. Ich habe weder das Erbe eines Gottes empfangen noch das eines festen Punktes auf der Erde, von dem aus ich Gott anrufen könnte; auch erbte ich weder den verhohlenen Ärger des Skeptikers noch die List des Rationalisten und auch nicht die inbrünstige Einfalt des Atheisten. Deshalb traue ich mich nicht, den Stein zu werfen, weder nach dem, der an Dinge glaubt, an denen ich zweifle, noch nach dem, der den Zweifel vergöttert, als sei dieser nicht von Finsternis umgeben. Dieser Stein träfe mich selbst, denn von einer Sache bin ich wohl überzeugt: Das menschliche Bedürfnis nach Trost ist unersättlich.«[40]

Ich möchte vor allem auf diesen letzten Satz aufmerksam machen, der auch vom Autor selbst als Titel gewählt wurde, um seinen kurzen Text 1952 in einer Zeitschrift zu veröffentlichen. Er könnte nicht aussagekräftiger sein und nicht besser zu dem passen, was ich mich nun bemühe darzulegen. Unser Bedürfnis nach Trost ist *unersättlich*, weil die Verletzung *unendlich* ist. Der Trost ist die Sorge, die Begleitung, die unermüdliche Antwort auf die Verletzung.

Stig Dagerman hat sich schließlich das Leben genommen; ein Ereignis, dem man immer mit viel Respekt begegnen muss. Alldem folgend, was bis hier hin vertreten wurde, ist der Suizid, so glaube ich, weniger eine Handlung der Souveränität (des ›ich kann‹), sondern vielmehr eine Handlung der Verzweiflung und der Sorge (des unendlich verletzten Ich). Sowohl der Suizid als auch der Versuch, im Sterben das Leiden abzuwenden, sollte eher von einer Anthropologie der Verletzung als von einer Anthropologie des Könnens aus verstanden werden. Während letztere den Gebrauch von so unangebrachten Ausdrücken wie beispielsweise »das Recht, über sein eigenes Leben zu verfügen« erlaubt, vermeidet erstere Dogmen und hilft außerdem, menschliche Situationen zu verstehen, die an Grenzen geraten sind. Sich darum zu bemühen, zu helfen, gut zu sterben, tut man aus keinerlei Souveränität, sondern aus dem aufrichtigsten Geist der Sorge heraus. Wie verletzte Ärzte müssen wir uns bemühen, anderen zu helfen, selbst beim Sterben. Was zählt, ist ohne Zweifel die Bedeutung der Geste. Alles in allem, könnte man sagen, gibt es einen ontologischen Zusammenhang zwischen dem *Warten, Hoffen (esperar)* auf den Tod und einer Handlung, die bewirkt, dass er früher eintritt, um damit vor zu exzessivem Leiden zu bewahren. Ich spreche hier von einem Zusammenhang, da der Tod in beiden Fällen weiterhin die totale Passivität voraussetzt. Dies bedeutet, es ist immer der Tod, der kommt. Selbst im Fall des Suizids: den Tod *hervorrufen* bedeutet, ihn zu *rufen*, dass er früher *komme*. Es bleibt jedoch wahr, dass er es ist, der kommt. Von dieser Perspektive aus gesehen ist weder die Euthanasie noch der Suizid *Sünde*, sondern verzweifelte Zuflucht und Sorge. Nun werde ich allerdings nicht aufhören zu betonen, dass jede besonnene und wertvolle Geste auch ausarten und missbraucht werden und somit ganz andere Zwecke als die der Zuflucht und Sorge verfolgen kann. (Damit sei nebenbei erwähnt, dass ich darin keiner anderen als der klassischen Maxime folge: *corruptio optimi quae est pessima*; was bedeutet: die Entartung des Besten ist die Schlimmste.)

Das Beben, durch das Vorbeistreifen des Todes verursacht, verbindet sich mit dem Beben der Umarmung des Lebens zu einer Resonanz, die, je nach Moment in unterschiedlichen Intensitäten, in allen Sterblichen anwesend ist. Diese Synthese ist jedoch besonders. Sie lässt den Schauer, der uns beim Vorbeistreifen des Todes durchfährt, niemals hinter sich. Das Übermaß der Verletzung des Todes beunruhigt das Leben. Und es handelt sich wahrhaftig um ein Übermaß, einen Exzess. Wir haben schon betont, dass es nicht strikt um die Tatsache des Sterbens geht, sondern darum, wie der Tod eine Verletzung darstellt, die das ganze Leben lang fortdauert. Wir sprechen auch nicht *nur* von der gängigen Vorstellung der *vita brevis*, sondern davon, dass das ganze menschliche Leben vom Leben selbst und vom Tod erschüttert und durchdrungen ist, vom süßen Geschmack des Lebens und vom kalten Schauer des Todes. Das Problem ist nicht, dass das Leben kurz ist, sondern dass diese Kürze das Leben von Kopf bis Fuß verletzt. Verletzung des Unannehmbaren, aufreibende Berührung, unbestechliche Bedrohung über uns alle, die wir Namen tragen. Unendliche Verletzung. Deshalb ist das Bedürfnis nach Trost unersättlich.

Zum Glück gibt es in der Szene der grundlegenden Situation neben der Umarmung des Lebens und des Streifens des Todes auch noch andere »Figuren«, die das Drama etwas komplexer werden lassen. Die Gegenwart des Du ist so intensiv, dass auch sie eine Verletzung in uns aufbricht. Und sie ist so einzigartig, die Gegenwart des Du, dass sie undarstellbar wird. Präsenz ohne Re-präsentation. Gesicht, Name. Eine Gegenwart, die so gegenwärtig ist, dass sie beinahe unsichtbar ist. Mit einer klaren Bedeutung: Du sollst nicht töten, du sollst Gefährte sein; aber einer Bedeutung nicht nur imperativischer Art, denn sie erzeugt alle möglichen Formen der Liebe.

Unermessliches Geschenk (Präsent) in Form von Orientierung: es bestärkt uns in dem Wissen, dass von alldem, was Sinn hat, am allermeisten Sinn hat, nicht zu töten, sondern zu begleiten. Und ein unermessliches Geschenk in Form von empfangener Anerkennung und Liebe. Mit anderen Worten: ein unermessliches Geschenk wie das Zusammentreffen mit denen, die wir lieben und die uns lieben.

Gegenwärtigkeit des Du, die Gegenwart stiftet, denn sie macht die Welt beständig. Sie stiftet zudem Vertrauen und macht so möglich, sich auf den Beinen zu halten. Ich zitiere eine Passage aus *Ist das ein Mensch?* von Primo Levi, in der eine solche Gegenwart auftaucht: »Ich glaube, daß ich es Lorenzo zu verdanken habe, wenn ich noch heute unter den Lebenden bin. Nicht so sehr wegen seines materiellen Beistands, sondern weil er mich mit seiner Gegenwart, mit seiner stillen und einfachen Art, gut zu sein, dauernd daran erinnerte, daß noch eine gerechte Welt außerhalb der unsern existiert …«.[41]

Das Du zerdrückt nicht: Es stiftet Horizont. Wenn es zerdrückt, dann ist es kein Du mehr oder ist es nie gewesen: dann ist es eine tyrannische Ausartung. Die Großartigkeit des Du hat immer mit dem Raum zu tun, den es dir lässt, mit dem Geschenk, das es dir macht. So haben sich weise und geistliche Menschen aller Zeiten gekennzeichnet: durch das Gute, das sie dir tun, durch den Raum, den sie dir geben und das Vertrauen, was sie dir schenken … Und so könnte man auch die Liebe des göttlichen Du einleiten, das besucht und sich zurückzieht. Könnte es sein, dass die Abwesenheit ein großmütiger Rückzug ist? Das göttliche Du entzöge sich, nicht nur durch seine Alterität, sondern auch, um Raum zu lassen. Die Mäßigung wäre dann seine Generosität. Im ersten seiner geistlichen Gesänge spricht Johannes vom Kreuz vom Besuch des Geliebten, der ihn tief verletzt; wenn er hinausläuft, um ihn zu suchen, findet er ihn nicht mehr. Das, was verletzt, ist der Liebespfeil, die Liebesflamme. Menschliche Seele, durch die menschliche und die göttliche Liebe verwundet. Gott verletzt die Seele, die sofort reagiert, indem sie eilig denjenigen sucht, der sie so tief verletzt hat, den sie jedoch nicht auffindet und dessen Abwesenheit sie spürt. Die Verletzung heilt also nicht (man wird nicht von ihr geheilt). Dennoch handelt es sich laut Johannes vom Kreuz um *geistliche Verletzungen der Liebe*, die die Seele als besonders *wohlschmeckend* und *wünschenswert* erfährt.[42] Die Übereinstimmung der großen Poeten hierzu ist im wörtlichen Sinn eine (gute) Kon-spiration. Dazu lassen sich diese Verse Paul Verlaines betrachten: »*Ô mon Dieu, vous m'avez blessé d'amour | Et la blessure est encore vibrante*« (»O Gott, du hast mit Liebe mich verwundet | und sieh, die Wunde bebt noch«).[43] Verse mit drei Schlüsselbegriffen: *Du*, *Wunde* und *beben*; Begriffe, die nicht willkürlich mit denen übereinstimmen, die wir auch hier verwendet haben.

Und möge es niemanden verwirren. Die Verletzung ist ursprünglich menschlich, sehr menschlich. Das Kind *begegnet* den Eltern und die Eltern begegnen dem Kind. Und die *Begegnung* wird ein Leben lang fortlaufen. Zärtliche Großzügigkeit in Form des Rückzugs wird notwendig sein. Auf eine Art Gefährte sein, die zugleich auch Rückzug ist und dennoch niemals aufhört zu beben.

DIE ÜBERSCHATTUNG DER WELT

Um zu bemerken, dass die Welt eine der vier unendlichen Verletzungen darstellt, ist es gar nicht nötig, irgendetwas zu forcieren. Man muss nur eine der ältesten allbekannten Weisheiten angemessen interpretieren, das heißt, das Sich-Wiederholende in die Erfahrung der ersten Person bringen. Seit Platon und Aristoteles wird gesagt, dass die Philosophie aus dem Staunen und der Bewunderung heraus entsteht (womit das griechische *thaumazein* und das lateinische *admiratio* übersetzt werden). Was ist damit gemeint?

Obwohl fast gleichwertig sind *Welt* und *grundlegende Situation* nicht identisch. Man kann sowohl sagen, dass die Welt Teil der grundlegenden Situation ist, als auch dass die grundlegende Situation Teil der Welt ist. Ich nenne ›grundlegende Situation‹ genau das: unsere *Situation* in der Welt sowie den entscheidendsten Wesenszug dieser Situation, der darin besteht, den Witterungsunbilden ausgesetzt zu sein (Blöße, die Tatsache, nicht über den Sinn zu verfügen ...). Jedoch ist nicht alles an unserer Situation ein solches Ausgesetztsein. Es begegnen uns wertvolle Dinge und orientierende Horizonte. Wir sagen ›Welt‹ zu den Dingen und der Gesamtheit aller Horizonte. Wenn ich von der Welt spreche, kann ich zwar das Licht und die Schönheit darin hervorheben, allerdings birgt sie in ihrer Unermesslichkeit auch die Nacht, die mit dem wichtigsten Wesenszug der grundlegenden Situation verbunden ist. Und daher kommt es, dass das Wunder und die Dunkelheit miteinander verknüpft sind. Das authentische *thaumazein* hängt mit der Erfahrung dieses Überschritten-Werdens zusammen, das uns erdrückt, sowohl durch die unermessliche Klarheit als auch durch die unermessliche Dunkelheit ihrer Kehrseite. Anders gesagt: Während man mit dem Begriff ›Welt‹ ein wenig mehr dazu neigt, zu vergegenständlichen (die Welt als etwas, was wir vor uns haben), wird, sobald es um die grundlegende Situation geht, eher das betont, was uns am meisten erschüttert.

Mit der Absicht, die durch die Welt geöffnete Verletzung besonders sorgfältig zu bestimmen, schlage ich vor, den Begriff der Überschattung (*aombrament*) einzuführen, der wörtlich genommen schlichtweg bedeutet, dass ein Schatten über etwas geworfen wird. Nun sollte dieser Ausdruck im passiven Sinn verstanden werden: Ich werde überschattet, das heißt, der Schatten fällt über mich. Etwas *sehr Großes, Gewaltiges* versetzt mich in Erstaunen und überschattet mich. Auf diese Weise können wir ein wenig den Eindruck der Distanz hinter uns lassen, den die Bewunderung erweckt, und im Gegenteil dazu die Tatsache betonen, dass wir uns von der Unermesslichkeit und vom Schatten ergriffen fühlen.[44] Etwas, was uns übersteigt, wirft sich über uns und begibt uns in einen Schattenbereich, der uns auf gewisse Weise erstaunt und zugleich beunruhigt. Die Überschattung ist der Bereich, in dem die Klarheit – die Offensichtlichkeit – teilweise ausgesetzt wird. Neigung bzw. Verminderung der Klarheit und Beeinträchtigung meines gewöhnlichen Platzes mitten unter den Dingen. Das Konzept der Überschattung entspräche dem der *Problematizität* Patočkas oder dem der *Verborgenheit* Heideggers. Verminderung des Tages; Verminderung der »Normalität«; Verminderung der Sicherheit; und auch Verminderung der Dinge sowie die paradoxe Erfahrung einer Verborgenheit. Die Verminderung der Offensichtlichkeit ist gleichzeitig eine Art Offenbarung der Tiefe. Die Überschattung ist beinahe buchstäblich das Ereignis, allmählich die Nacht hinter dem Tag zu erahnen, die Dunkelheit hinter dem Licht. Überschattung und Verdunkelung, wie die Situation, in der es langsam dunkel wird und man Gefahr läuft, im Dunkeln zurückzubleiben. Denn im Dunkeln zurückzubleiben, bedeutet nicht nur, fast nichts zu sehen, sondern auch, fast nichts zu verstehen. Mit dem Umstand des Ausgesetztseins wurde diese Dunkelheit schon angedeutet. Die Überschattung als das Sich-Neigen des Lichts und der Wärme steht ganz klar mit der Idee des Ausgesetzseins in Zusammenhang. Sie unterscheiden sich nur im Grad: Da ich etwas mehr objektiviere, indem ich von ›Welt‹ spreche, passt hier der Begriff der *Überschattung*, und da ich etwas weniger objektiviere, sobald ich von ›grundlegende Situation‹ spreche, passt hier besser die Bewegung in Richtung des Elementaren, die mit dem Begriff *Ausgesetzsein gegenüber den Unbilden der Witterung* angedeutet wird.

Kurzum: Obwohl das griechische *thaumazein* mit dem lateinischen *admiratio* übersetzt wurde, haben wir nun mit der Übersetzung durch ›*Überschattung*‹ die Möglichkeit, die Kraft dieser Erfahrung zurückzugewinnen und zur Geltung zu bringen. Die Bewunderung angesichts der Schönheit des Himmels verlagert sich hin zur Überschattung durch die Unermesslichkeit der Nacht. Die Bewunderung angesichts des Wunders der Erscheinung verschiebt sich hin zur Überschattung durch das Fundament, das verdeckt bleibt und dennoch ein beunruhigendes, dunkles Feld über uns wirft.

Auf anekdotische Weise halte ich gerade hierfür den Weg, den Thomas von Aquin zurücklegt, für besonders symptomatisch, wenn dieser versucht, das Leiden der Angst zu erklären. An einer Stelle fragt er sich, ob die Verwunderung (*admiració*) etwas damit zu tun hat. Und er erinnert sich daran, dass die Philosophen, wie

Aristoteles sagte, der Verwunderung folgten, um die Wahrheit zu erforschen. Da jedoch die Angst eher zum Fliehen veranlasst, als dass sie zur Erforschung brächte, ist die Verwunderung laut Thomas eindeutig keine Art Angst.[45] Das heißt, er verneint die sich zuvor gestellte Frage, ob die Verwunderung irgendwie mit der Angst in Beziehung stehe. Tatsache ist jedoch, dass er sich die Frage stellt. Warum hätte er das tun sollen, wenn der Unterschied so klar wäre? Seine Frage bestätigt stillschweigend den Zusammenhang. Im Begriff der *admiratio*, der von *thaumazein* abstammt, gab es etwas latent Erschütterndes, etwas Verletzendes. Obwohl er sich dabei nicht auf die Welt bezieht, formuliert Lévinas an einer Stelle diesen glücklichen Ausdruck: »*traumatisme de l'étonnement*«.[46] Also doch, Verletzung – Trauma – der Überschattung.

DRAMATIK DER UNENDLICHEN VERLETZUNGEN

Dass jede einzelne der unendlichen Verletzungen die anderen berührt, bedeutet, dass wechselseitige Beziehungen zwischen ihnen bestehen; das heißt, dass aus zeitlicher Perspektive betrachtet eine Dramatik der Verletzungen entsteht, eine Biografie aus einzelnen Sequenzen der Steigerung. Die Dramatik der vier Verletzungen ist die Dramatik des Lebens.

Die Verletzung des Lebens ist die ursprünglichste, sie ist Voraussetzung der anderen. Im dramatischen Ablauf führt das beispielsweise dazu, von empfangenen Stößen, Enttäuschungen und Unglück zu sprechen … Den Schmerz definiert man in Bezug auf den Genuss und die Freude des Lebens. Eine Vielzahl an Märchen und Erzählungen haben genau diesen typischen Ablauf: Alles fängt gut an, doch dann beginnt das Glück zu zerbrechen. Das Buch Hiob ist dazu paradigmatisch: Es war einmal ein glücklicher Mann, doch dann widerfuhr ihm großes Unglück …

Die erhaltenen Stöße sind Vorgriffe, die schon einen Teil der Verletzung des Todes ausmachen. Der Tod und die Angst vor dem Tod zeichnen sich auf dem Genuss des Lebens ab und bestimmen eine der bedeutendsten dramatischen Spannungen. Wenn ihr Auftreten zu heftig wird, dann lebt man fast nicht. Wenn man jedoch versucht, dieser Spannung auszuweichen, dann verwandelt sich das Leben in eine Karikatur und etwas Wertvolles geht verloren. Gerade deshalb ist leben lernen sogleich sterben lernen und auch andersherum. *Nach* dem Einbruch der Erfahrung der Endlichkeit verändert sich die Leichtigkeit der Kindheit und des Spiels im Ton. Von diesem Moment an wird die Leichtigkeit und auch das Spiel immer in Verbindung mit der Schwerkraft wahrgenommen. *Trotz* alldem weiterzuspielen, ist Teil des Lebenlernens.

Glücklicherweise und wie gerade schon beschrieben ist das Drama durch weitere ursprüngliche Spannungen immer noch vielschichtiger. Auf dem Schauplatz der menschlichen Situation erscheinen das Du und die Liebe. Und die Liebe ist stark wie der Tod. Die Liebe dezentralisiert (und relativiert) nicht nur, sondern führt auch eine neue Orientierung ein. Wir sind nicht nur zum Sterben bestimmt, sondern orientieren uns auch zum Anderen hin. Und die Liebe zum Du (und des Du) ist Teil des Genusses des Lebens, geht aber über ihn hinaus. Den Anderen als Ausgangspunkt zu wählen ist schon Orientierung und Sinn. Mein Wirken für den Anderen sucht nicht nur nach Intensivierung des Lebens, sondern auch nach Sinn.

Die andere dramatische Spannung, die mit dem Leben und dem Tod sowie mit der Liebe verknüpft ist, stellt schließlich die der Welt dar; die des Tages und der Nacht der Welt. Ambivalenz einer Situation, die gleichzeitig Ausgesetztsein und Horizont bedeutet, Blöße und Zuhause … Die Metaphern des Lichts sind die gebräuchlichsten für diese Dramatik. Licht, aber auch Dunkelheit der Welt. Zelebrierungen des Lichts und Beschwörungen der Dunkelheit. Jedoch auch die so diskreten und doch bedeutenden Offenbarungen des Halbschattens, des Halbdunkels und der Dämmerung. Im Übergang zwischen diesen Momenten sowie auf dem Boden, der bald fest und trocken, bald morastig ist, finden die Begegnungen des Lebens statt, mit der Liebe und mit dem Tod.

Möge diese winzige Aufzeichnung vorerst genügen, um aufzuzeigen, wie sich in den kreuzförmigen Einschnitt der unendlichen Verletzung das einzigartige Manuskript jedes menschlichen Lebens eingraviert.

VI SCHWERKRAFT UND POIETISCHE BEUGUNG

TIEFE

Die unendlichen Verletzungen dringen also bis zu dem vor, was am tiefsten liegt, bis zur Mitte, bis zur Mitte der Mitte. Aber in einem ganz besonderen Sinn: Sie erreichen nicht eine vorher existierende Mitte, sondern erzeugen die Mitte; die Mitte, die ich selbst bin. Dank der heiligen Begleitung durch Johannes vom Kreuz kommen uns noch diese anderen so bekannten Verse zugute:

> O Flamme von Liebe lebendig,
> die du zärtlich verwundest
> meine Seele in tiefster Mitte![47]

Außer zu betonen, dass die Verletzung der Liebe zart sein kann, wird noch hinzugefügt, dass sie in *meiner Seele in tiefster Mitte* entsteht. Jenseits der Interpretation mystischen Charakters, die Johannes vom Kreuz ihm zuschreibt, können wir uns diesen neuen und prächtigen Ausdruck zu eigen machen. Die Seele wird gewöhnlich als etwas dargestellt, das weder Teile noch Ausdehnung hat. Wie kann sie also einen Mittelpunkt haben? *In tiefster Mitte* bezeichnete die Stelle, an der das Fühlen sich faltet; Faltung, deren Beben uns einen Knoten in den Hals versetzt und *uns ausliefert* – uns preisgibt. Wir geben uns nicht selbst hin, vielmehr fühlen wir uns unfreiwillig ausgeliefert; dem preisgegeben, worüber wir keine Macht haben. Die tiefste Mitte geht der unendlichen Verletzung nicht voraus, sondern wird durch diese hervorgebracht. Ausgeliefert, vor Angst oder vor Liebe. Ekstase aus Liebe, Ekstase aus Angst. Wir brauchen gar keinen Gesetzeshüter, der uns festnähme und aushändigte wie Gefangene. Die unendlichen Verletzungen liefern uns aus, aber sie können uns paradoxerweise auch von dem befreien, dem am wenigsten Bedeutung zugemessen werden sollte, sowie von dem, was uns am wenigsten einschränken sollte.

Die Mitte der Person ist die Seele. Und was ist die Seele? Das Lebendigste. Die Mitte der Person ist das Lebendigste an ihr. Und seinerseits ist die Mitte der Seele das Lebendigste des Lebendigsten. Und das ist sie durch das Beben, das in der unendlichen Verletzung hervorgebracht wird. Manchmal hat man diese tiefste Mitte symbolisch *Herz* genannt, so wie in diesem wunderschönen biblischen Satz: »Mehr als alles hüte dein Herz; | denn vom ihm geht das Leben aus.«[48]

Jedenfalls ist es wichtig, zu begreifen, dass die tiefste Mitte niemals reine Innerlichkeit ist. Die Dichotomie Äußerlichkeit-Innerlichkeit verliert an Bedeutsamkeit. In der Verletzung gibt es kein Außen und kein Innen. Sie ist tief und zugleich offen. Die Mitte ist Verletzung und die Verletzung rührt vom eintreffenden Unendlichen her. Danach gibt es keine Bewegung mehr, die imstande wäre, über jene hinauszugehen, die aus dieser Verletzung strömt. Gehen wir nun vom Buch der Sprichwörter zu María Zambrano über: »Das Herz ist Prophet, so wie das, was, indem es Mitte ist, umgrenzt und immer auf dem Sprung ist, weiter über das hinauszugehen, zu dem es schon gekommen ist.«[49] Faltung des Fühlens und unendliche Verletzung erlauben es, eine Innerlichkeit zu denken, die zugleich vollkommene Offenheit ist. Oder auch offene Offenheit – möge die Wiederholung hier zur Geltung kommen. Offene Offenheit, geöffnet durch die vier Unendlichkeiten, und Offenheit, aus der anstelle von Blut ein Beben strömt, die Schwingung der Seele, die sich in Handeln und Leiden des Lebens verwandelt.

Die unendlichen Verletzungen waren, wie wir im vorherigen Kapitel gesehen haben, *diachronisch*, *unvernähbar* und *fruchtbar*. Nun ergänzen wir, dass sie die *tiefste Mitte* darstellen. Wie bedeutsam die Idee der Mitte auch ist, so trifft dies auch, oder gar noch mehr, für die der Tiefe zu. Vor allem deshalb, weil die Tiefe keine Metapher ist und weil aus dieser nichtmetaphorischen Tiefe eine Art Vertrauen aufsteigt – ein Vertrauen in den Sinn.

Jede einzelne Verletzung ist eine Tiefe. Wir haben uns auf diese Tiefen schon jeweils unterschiedlich bezogen: *Umarmung* des Lebens, *Vorbeistreifen* des Todes, *Geschenk* des Du und *Geheimnis* der Welt. Wesentlich dabei ist allerdings immer die Tiefe. In den zwölf Versen des Gesangs Nietzsches, den ich zu Beginn des Buches angesprochen habe – dem Nachtwandler-Lied –, kommt das

Wort ›tief‹ insgesamt achtmal vor. Ich bin völlig einverstanden damit, dass die Erfahrung der Tiefe entscheidend ist. Es erweist sich als besonders bezeichnend, dass das Wort *altus* im Lateinischen dazu diente, sowohl auf die Höhe des Berges als auch auf die Tiefe der Verletzung hinzuweisen; sowohl auf die Höhe des Himmels als auch auf die Tiefe der Erde; sowohl auf die Gipfel als auch auf die Vertiefungen (die Höhlen). Zu sagen, dass die Verletzung das Tiefste des Menschlichen ist, ist dasselbe wie zu sagen, dass sie das Höchste ist – und dass sie vom Höchsten herrührt. Die wahre Höhe ist die Tiefe. Nahe an der Mitte der Seele, nahe an ihrer Tiefe, wird die wahrhafte Höhe erreicht.

SCHWERKRAFT

Nun ist die tiefste Mitte gleichzeitig auch der *Schwerpunkt* (*centre de gravetat*). Die unendliche Verletzung macht die menschliche Schwerkraft aus (die Schwere, Ernsthaftigkeit des Menschlichen; *gravetat*).[50] Dabei geht es nicht um jene Art dringlichen Ernst, den die Rettungswagen befördern; es ist der Ernst gemeint, der eher verpflichtet, als dass er drängt; ein Ernst, an dem sich die Bewegung orientiert, der ihr manchmal einen hohen Preis abverlangt, ihr jedoch auch Sinn verleiht. Die unendliche Verletzung ist die Ernsthaftigkeit und der Ernst (die Schwerkraft) wird so zum Boden, zur Grundlage unseres Lebens: zur Bedingung der Möglichkeit und zum Sinn des Handelns.

Das Handeln gleicht dem Flug des Vogels, da auch der Flug erst durch die Schwerkraft möglich und sinnvoll wird. Ohne die Schwerkraft der Erde würden die Flügel der Möwe nicht ausreichen, um in der Luft zu schweben. Ohne die Ernsthaftigkeit des Lebens wäre jegliches menschliches Handeln banal, kraftlos und grundlos. Eine Handlung ist bedeutsam, hat Gehalt und Sinn, gerade weil sie nicht in der Leere ausgeführt wird, sondern sich mit der Schwerkraft beugt. In diesem Fall beugt sie sich jedoch nicht nur durch die Schwerkraft der Erde, sondern auch durch die nicht dringliche Schwere der unendlichen Verletzung.

Die Leere hält nichts. Und sie zieht auch nichts an. Schon zu Beginn habe ich eingestanden, dass es einen Abgrund gibt und dass die Leere eine furchtbare Kluft ist, die sich ganz in unserer Nähe befindet, was allerdings nicht bedeutet, dass wir schon darin seien und es nichts weiter mehr zu tun gebe. Manchmal scheint es so, als ob die Tragödie des heutigen Menschen weniger darin besteht, einen Sprung ins Leere tun zu müssen, als vielmehr darin zu glauben, dieser Sprung geschehe schon aus dem Leeren heraus. Eine doppelte Tragödie, da der Brunnenschacht dann nicht erst auf einem der nächsten Felder wartete, sondern schon auf dem gleichen Feld, auf dem wir uns befinden.

Hier beschreibe ich die Situation jedoch anders. Der Ausgangspunkt hält sich kraft der Tiefe und der Schwere. Grundlage ist weder der Abgrund noch das Paradies, vielmehr das Ausgesetztsein und die Schwerkraft. Und man sieht schon, dass bei dieser Auslegung vor allem der wertvollste Aspekt der Schwerkraft überwiegt. Deshalb stimmt mein Gebrauch nicht mit dem überein, den Simone Weil von dem Begriff macht. Während sie Schwerkraft eher mit Niedrigkeit gleichsetzt – in diesem Punkt stark dem gnostischen Schema verpflichtet –, verbinde ich Schwerkraft mit Höhe, und zwar mittels der Idee der Tiefe. Im Gegensatz zu jeder gnostischen Auslegung glaube ich, dass sich die Unendlichkeit in den Fundamenten der Welt und des Lebens befindet, die ich keineswegs als Fall oder Verfall interpretiere. Ich sehe es nicht so, dass zwischen oben und unten, zwischen Leichtigkeit und Schwere ein Gegensatz bestünde, vielmehr Naht und biegsame Zusammenfügung.

Die Schwerkraft (*gravetat*) ist fruchtbar und wird etwas hervorbringen, so wie eine *Schwangere* (*gràvida*) gebären wird.

BEUGUNG

Also gut, auf die gleiche Weise, wie die Schwerkraft der Erde die Fluglinie der Möwe krümmt, so beugt auch die unendliche Verletzung das menschliche Handeln. Deshalb können wir ohne Unterschied von der *Beugung*[51] *des Handelns*, der *poietischen Beugung* oder der *poetischen Beugung*, sprechen.

Im besten Fall krümmen sich das Handeln und das Denken – das auch Handeln ist – wie das Himmelsgewölbe. Nicht zufällig nennen wir das Denken auch Re-*flexion*.

Der Regenbogen (*arc iris*) ist das Fest des Himmels. Iris war in der griechischen Welt die Botschafterin der Götter; laut Platon Botschafterin des Staunens und des Wortes. Das Christentum versinnbildlicht im Regenbogen die Brücke zwischen Himmel und Erde sowie den *Frieden*. Der biblischen Erzählung zufolge sagte Gott nach der Sintflut und der Arche Noahs, dass das Wasser niemanden mehr vernichten solle. Und als Symbol, das an diese Vereinbarung erinnern sollte, wurde gerade der Regenbogen festgelegt: »Steht der Bogen in den Wolken, so werde ich auf ihn sehen und des ewigen Bundes gedenken zwischen Gott und allen lebenden Wesen, allen Wesen aus Fleisch auf der Erde.«[52] Aus diesem Grund gab es im Laufe der Geschichte viele soziale Bewegungen, die den Regenbogen als ihr Symbol für Frieden und Hoffnung übernommen haben. Ist daran irgendetwas Banales, an dieser Leichtigkeit des Bogens? Überhaupt nichts. Aufgrund ihrer Berufung zum Wort und zum Frieden könnte ihn sich sogar die Philosophie selbst als Zeichen nehmen.

Im Gegensatz zum linearen Schema des Fortschritts ist die Sorge die Bewegung, die sich über das Tiefe beugt. Und das, was sich beugt, das wird nahbar, sodass die Beugung auch *Nähe* und *Nachbarschaft* bedeutet.

Es ist kein Zufall, dass die Symbole des Faschismus für gewöhnlich geradlinig und hart sind. Die sorgende Beugung – oder die Sorge, die sich beugt – ist weder invasiv noch evasiv. Sie versucht weder zu erdrücken noch sich in Gleichgültigkeit zu distanzieren. Man erdrückt von oben nach unten. Man bleibt gleichgültig, indem man geradeaus weitergeht, ohne zurückzublicken. Die grundlegendste Geste tendiert jedoch dazu, sich zu beugen. Es scheint, als würde ich die Hand flach auf den Körper des Säuglings legen, in Wirklichkeit vertiefe ich jedoch dabei behutsam die schon vorhandene Wölbung der Hand. Auch die Umarmung ist gebogen. Jeder Zufluchtsort ist gebogen. Die beste Antwort ist nie die direkteste: Sie ist zwar offenherzig, aber mit Feingefühl. Das Feingefühl beugt die Antwort und lässt sie weder direkt noch indirekt sein. Das Feingefühl ist die zarte Beugung der Offenherzigkeit.

Auch die Gedanken biegen sich. Es gibt Philosophien, die es schaffen, sich wie das Himmelsgewölbe zu biegen. Im Gegensatz dazu gibt es auch geradlinigere Diskurse, die beabsichtigen, weit hinaus zu kommen, und andere, flüchtigere, die nach oben steigen wie Dunst. Die beste Philosophie versucht nicht, wie eine Rakete die Schwerkraft zu überwinden – wohin sollte sie auch gehen? –, sondern wie der Adler oder die Möwe zu gleiten, während sie das Feld oder den Strand bewacht – behütet. Die beste Philosophie ist die, die sich über die unendliche Verletzung beugt und hilft, sie zu pflegen und auf sie einzugehen, ihr zu antworten.

Darum sind Ernsthaftigkeit (Schwerkraft) und Leichtigkeit einander nicht gegensätzlich. Der Reflexion haftet eine Schwere an, durch die Nähe, die sie zur Tiefe der Verletzung bewahrt, jedoch muss sie zugleich einen gewissen Grad an Leichtigkeit haben, um sich sowohl beugen als auch den Bogen halten zu können, ohne dass das Gewicht sie zum Einstürzen brächte. Halten wir fest: Die alltägliche Bewegung des menschlichen Lebens hat die Form eines Bogens, und um sie aufrecht zu erhalten, brauchen wir dieses fortwährende flexible Zusammenwirken zwischen Leichtigkeit und Schwerkraft. Nicht zufällig gleicht die Depression einem Stillstand aus Übermaß an Schwere; als ob die Schwerkraft selbst uns niederdrückte bis zu dem Punkt, an dem wir nicht mehr weiterkönnen. Das heißt: Die Schwerkraft gibt der Bewegung Sinn, Bewegung ist allerdings nötig.

POIETISCHE BEUGUNG

Poiesis ist der griechische Begriff für ›machen‹, ›anfertigen‹, ›herstellen‹, ›erschaffen‹. Von ihm wird das Wort *Poetik* abgeleitet, was eine ganz besondere Form von Anfertigung darstellt; so wie Platon und Aristoteles die Kunst der Erschaffung von Bildern beschrieben. Hier jedoch gebrauche ich *Poietik* und *Poetik* in sehr weitem Sinn, gleichwertig mit ›tun‹ und ›etwas Gutes tun‹, so weit, dass ich auf die aristotelische Unterscheidung von *Poiesis* und *Praxis* verzichte, die sich so sehr auf die zeitgenössische Philosophie ausgewirkt hat. Arendt und Habermas machen aus dem Begriff des *Handelns* (*Praxis*) das Kernstück ihrer jeweiligen Theorien. Arendt spricht von *einvernehmlichem Handeln* und Habermas, indem er sich, wie er selbst zugesteht, von Arendt inspirieren ließ, von *kommunikativem Handeln*. Es gibt keinen Zweifel daran, dass die Unterscheidung *Poiesis-Praxis* grundsätzlich dazu gedient hat, die Vorrangigkeit der *Praxis* (verstanden als intersubjektives Handeln) gegenüber der *Poiesis* (verstanden als zweckgebundenes Handeln) aufzuzeigen.

Dennoch schien es mir im Laufe der Zeit notwendig, den Begriff der *Poiesis* aufzugreifen, um ihn auf ein bisschen eigenwillige Weise neu zu formulieren (indem man dem kolloquialen Gebrauch der Ausdrücke »etwas Gutes tun« und »etwas gut bzw. richtig tun« Aufmerksamkeit schenkt)[53] und diese Neuformulierung als wichtiges Element in der Konstellation der Nähe aufzunehmen.

Ich bin mir dessen bewusst, dass es bei einem derart weitläufigen Gebrauch des Konzepts *Poiesis* nicht mehr möglich ist, den Unterschied zwischen der kommunikativen und der zweckmäßigen Handlung herauszuheben und demzufolge auch nicht mehr den Übergriff der zweiten in erstere anzuprangern. Allerdings kann man dagegen auf die triviale Tatsache bestehen, dass eigentlich und vor allem zählt, etwas Gutes bzw. etwas gut und wahrhaftig zu *tun* (*fer*) und dass das Schlimmste wäre, nichts Gutes bzw. nichts zu tun, d.h. etwas *zunichte* zu *machen* (*desfer*), zu zerstören, verkommen zu lassen … was ein weitreichendes Spektrum umfasst und von abscheulichen Gewalttaten über jegliche Art von Korrumpierung bis hin zu Lebensweisen reicht, die die Zerstörung der Welt provozieren, was wir Klimakrise nennen.

Die handwerklichen Berufe sind poietisch, aber auch das medizinische und das pädagogische Handeln und überhaupt jedes Handeln, was die Dinge auf den rechten Weg bringt. So werde ich mich von nun an mit dem Begriff *poietische Beugung* auf ein Handeln beziehen, das die unendlichen Verletzungen umsorgt und begleitet, das Welt schafft und das das Leben aus der Schwerkraft heraus intensiviert. Im besten Falle wird auch die Philosophie poietisch, und zwar dann, wenn sie einen medizinischen Charakter annimmt und weniger rhetorisch wird, denn dann ist sie nicht mehr hauptsächlich darum bemüht, zu argumentieren oder zu überzeugen; zumal sowohl das eine als auch das andere noch immer eine Rolle spielt. Sie ist hoffnungsvoll, aber übertreibt nicht. Während der sophistische Weg ein Weg der Übertreibung ist, denn nur so erreicht man, die breite Masse zu bewegen, ist der philosophische Weg dagegen bescheidener. Sokrates verspricht weniger, ist aber gerade dadurch fürsorglicher. Die sophistische Rhetorik kann kalt sein; das Denken der poietischen Beugung nicht.

Die poietische Philosophie wirkt öffnend. In diesem Punkt hat sie die gleiche Funktion wie die Utopie, die ausgehend von Texten und Situationen ebenfalls öffnend wirkt. Das poietische Denken öffnet die Semantik der Begriffe und weitet den Blick; es bemüht sich darum, die Worte auf passendste Weise bezeichnen zu lassen, und versucht, *so viel Sinn wie möglich hervorzubringen* – was trotzdem kaum mehr als ein wenig sein wird.

Ein großartiger zeitgenössischer Philosoph, der den Tod eines Freundes bedauerte, fragte sich, indem er sich an dessen Werk erinnerte, was denn den Unterschied ausmache, ob man mit einem vollendeten Werk stirbt oder *ohne Werk* stirbt. Mir erscheint dieser Gebrauch des Begriffs *Werk* jedoch zu begrenzt. ›Werk‹ kann tatsächlich das Werk eines Künstlers oder das eines Schriftstellers bezeichnen, allerdings auch das eines Handwerkers oder die Handarbeit einer Großmutter, das Engagement einer Revolutionärin oder der treue Dienst eines Bauern. Das Werk ist das, was der Welt ein bisschen mehr Festigkeit gibt, oder das, was das Leben intensiviert und ihm Sinn verleiht. Jemandem ein guter Gefährte sein ist schon ein Werk; eine *Art und Weise, zu handeln, zu tun*. Ohne Zweifel gibt es unzählige wertvolle Werke, die nie die Form eines Kunstwerks haben werden (was auch nicht schlimm ist), es sei denn, wir zählen zu den Kunstwerken jede noch so unauffällige Handlung, die zum Strand der Welt ein Sandkorn Festigkeit, Schönheit oder Güte beiträgt.

Wenn wir uns dieses erweiterten Sinns der Poietik und des Werks bedienen, was passiert dann mit der Idee, etwas schlecht bzw. etwas Schlechtes zu tun? Nun, dass das Ergebnis nicht wirklich ein Werk ist, sondern ein *schlechtes Werk*. Und die Gesetze der Logik ein wenig missachtend behaupten wir, dass das schlechte Werk das Gegenteil des Werkes ist. Die poietische Beugung strebt in Richtung des Guten (*del bo i del bé*). Wirken bedeutet, etwas Gutes bzw. gut zu tun, und Werk heißt gleich gutes Werk. Das schlechte Werk resultiert daraus, nicht zu wirken (*des-obrar*), daraus, etwas zunichte zu machen, aufzulösen, zu degenerieren, zu verderben.

Während Nietzsche das Bild des Bogens für seine These der ewigen Wiederkunft gebraucht – »krumm ist der Pfad der Ewigkeit«, heißt es im *Zaratustra* –, mache ich hier nun aus der Krümmung den bestimmenden Charakterzug des Handelns. Die *poietische Beugung* ist Sorge in Form von Begleitung der unendlichen Verletzung und Werk in Form einer sie nachempfindenden Bewegung. Keine von beiden haben irgendetwas von Automatismus an sich und sie bringen beide die (Um)formung eines Selbst mit sich. Die Sorge als Begleitung, Zuwendung und Nahesein der Verletzung ist schon Beginn der poietischen Beugung, die sich in drei, einander teilweise überlagernde Richtungen entfaltet: *Poietik des Lebens*, *Poietik der Welt* und *Poietik des Sinns*, mit ihren jeweiligen Horizonten: *mehr Welt*, *mehr Leben* und *mehr Sinn*.

Die Tatsache, dass die Verletzung Schwerpunkt ist, begünstigt natürlich den Gebrauch der Sprache der *Sorge*, jedoch ist darauf hinzuweisen, dass Sorge hier eher in dem Sinn gemeint ist, den einige Philosophen der Antike ihr gaben, als in dem, den Heidegger ihr gibt. Laut dem Meister ist *Sorge* die Bezeichnung der Seinsweise des *Daseins*.[54] Und die Seinsweise des *Daseins* bezieht sich auf einen Zusammenhang, der aus der Spannung zu seinen Möglichkeiten besteht, daraus, schon in der Welt zu sein (Faktizität), sowie aus dem Verfallen (daraus, schon unter Dingen zu sein). ›Sorge‹ ist nichts weiter als die Bezeichnung dieses Zusammenhangs.[55]

Hier in diesem Zusammenhang verstehe ich die Sorge als Begleitung und Nähe zum Schwerpunkt (*centre de gravetat*) und verbinde sie mit der Bewegung der *Poiesis*, die ich zudem nicht als Zweckmäßigkeit und damit ganz anders als Heidegger interpretiere. Durch seine Nähe zur Mitte hilft der delphische Orakelspruch »Erkenne dich selbst« dabei, etwas mit sich selbst zu tun. Die Sorge ist eine *Reflexion* und ein *Handeln* sowohl zur Verletzung hin als auch von ihr aus. Hervorbringende Reflexion. Auf sich selbst achten, vor allem um etwas mit sich selbst, mit den Anderen und der Welt zu tun. Die Bewegung haben wir nicht selbst initiiert und sie ist nicht willkürlich. Wir können aktiv an dem mitwirken, was uns geschieht. Die Sorge ist gleichzeitig Behandlung und Verwandlung. Die unendliche Verletzung ist wörtlich eine Kom-*motio*, eine

Er-*schütterung*, das heißt die Erzeugung einer Bewegung. Vom Moment dieser Bewegung an hängt das Handeln allerdings vor allem von mir ab. In Altkatalanisch diente das Wort *ferida* (Verletzung) auch dazu, auf die starke Tendenz in eine bestimmte Richtung hinzuweisen. Die Erschütterung der Verletzung ist eine Bewegung. Von nun an kommt aber alles auf meine Begleitung und die poietische Verwandlung des Bebens an. Umgangssprachlich ausgedrückt: Gerade weil ich verletzt bin, kommt einiges an Arbeit auf mich zu. Gerade weil ich verletzt bin, bräuchte ich viele Leben, um all das zu *tun*, was ich tun muss. Und noch einmal ist uns Miguel Hernández Inspiration, diesmal mit dem Gedicht »Der Verwundete«:

> Verwundet bin ich, schaut: ich brauche mehrere Leben.
> Was ich berge, ist wenig für den großen Auftrag des Blutes,
> das ich verlieren möchte durch meine Wunden.
> Sagt, wer wurde nicht verwundet.[56]

Das Gegenteil der Sorge hat die Form einer *Flucht* oder einer *Unfähigkeit*; die Unfähigkeit, sich selbst Nächster zu sein und sich auf diese Weise nahe dem Übermaß der Verletzung selbst Gefährte zu sein. Die unendliche Verletzung ist wahrlich maßlos, ein Exzess. Dieser Exzess kann aber durch fehlende Sorge noch maßloser werden. Das ist der Moment, in dem die Situation gewöhnlich in Begriffen der psychischen Störung oder Krankheit interpretiert wird. Wir befinden uns alle im Exzess. Problematisch ist, wenn die Maßlosigkeit zu groß wird und man keinen Handlungsspielraum mehr hat; als ob man in die Situation gerate – das Gefühl habe –, zu sehr *überschritten* und auf diese Weise *verringert*, ja selbst *vernichtet* zu werden oder *keinen Ausweg* zu haben.

Gesundheit besteht also nicht darin, den Exzess überwunden zu haben, sondern darin, zu wissen, wie man begleitet – und auch dazu imstande zu sein –; darin, überleben zu können, was für den Menschen ›leben‹ im eigentlichen Sinn bedeutet. Der Mensch ist ein verletzter Heiler, ein verletzter Arzt. Da er verletzt ist, ist er ein verletzter Arzt. Hierzu passt wunderbar die mythologische Figur des Cheiron. Cheiron war der Sohn Kronos' und Philyras, ein Kentaure, der den Ruf hatte, ein Weiser und ein guter Lehrer zu sein. Und er war unsterblich. Trotzdem widerfuhr ihm das Unglück, von einem Pfeil verletzt zu werden. Als er sah, dass er nicht geheilt werden konnte, übertrug er Prometheus seine Unsterblichkeit. Man könnte das auf diese Weise lesen: Cheiron ist verletzt; und seine Verletzung ist unheilbar, wie die des Menschen. Und deshalb hat er keinen anderen *Ausweg* als den der Sterblichkeit. Was und wer wird Cheiron sein, wenn er einmal sterblich ist? Ein verletzter Weiser, noch bedachter auf die Sorge für sich selbst und für die Anderen.

WELTBAUWERKER

Kommen wir auf die Dimensionen der Poietik zurück, durch die sich die Sorge entfaltet. Im Wesentlichen erstrebt die Poietik der Welt mehr Zuflucht und mehr Kosmizität. Die Poietik des Lebens, das Leben in seinen Infinitiven intensivieren: lieben und denken. Und die Poietik des Sinns – die auch Poietik der Hoffnung genannt werden könnte –, mehr Sinn schaffen und zum Ausdruck bringen sowie mehr Vertrauen zum Sinn.

Um nun der Poietik der Welt ein wenig Aufmerksamkeit zu schenken, könnte man damit beginnen aufzuzeigen, dass eine der grundlegenden Bedeutungen der Hand (*mà*) das *Halten* (*mantenir*)[57] ist, und zwar, die Hand zu halten. Wir halten mit dem Blick und mit den Händen. Zwischen dem Vorgang, jemandem die Hand zu halten, und dem, ein Haus zu erhalten, besteht mehr Kontinuität, als zunächst scheinen mag. Und es sei nebenbei bemerkt: Darin liegt der Unterschied zwischen dem Versuch, etwas mit den Händen zu beschützen, und dem ununterbrochenen Herstellen, ohne irgendetwas zu erhalten – und wieder das verhängnisvolle Verderben. Vom Erhalten zum Nichts-Erhalten wandelt sich alles. Eine andere Form von Verderben, die auch mit den Händen in Zusammenhang steht und viel Leid verursacht hat bzw. weiterhin verursacht: Im ursprünglichen Sinn bedeutet das katalanische *manar* (heute: »gebieten«, »befehlen«), jemandem etwas anzuvertrauen, indem man es mit den Händen in die Hand des anderen legt. Das ist die Bedeutung in der Waagerechten und der Schwerkraft des Lebens. Bedauerlicherweise jedoch haben wir die Dinge zur vertikalen Macht hin verschoben, wo die Hand nichts mehr gibt, sondern mit diversen harten Gesten zu unterdrücken beabsichtigt. Genuin ist, wenn man sich freiwillig in die Hände eines Anderen legt. Die Ausartung besteht darin, dass jemand, ohne dass wir es wollten, uns in der Hand hat, uns kontrolliert und beherrscht.

Halten: Es sind die Bauwerker (*manobres*),[58] die gut erhalten. Die Poeten der Welt sind die, die Welt erschaffen, die aus der Welt mehr Welt machen. Die Poeten der Welt sind *Weltbauwerker*. Einen glücklichen Ausdruck Marquards aufgreifend sollte »Erde auf Erden« errichtet werden und ein wenig parallel sage ich, es sollte *Welt in der Welt getan* werden. Dieser Grundwahrheit sollte Beachtung geschenkt werden, unter anderem da die heutzutage wirksamste Ideologie uns, wie wir an anderen Stellen schon erwähnt haben, von der Welt entfernt, zugunsten der immer nebelhafteren Zukunft. Wir sollten weniger von ›Zukunft‹ und mehr von ›Welt‹ sprechen. Im besten Falle sind wir Bauwerker der Welt und nicht so sehr der Zukunft. Franziskus von Assisi ist Weltbauwerker. Nietzsches Zarathustra ist Bauwerker der Zukunft (und während er selbst diesen Titel noch verdient, tun dies viele seiner Nachahmer nicht mehr).

Der Bauwerker und Poet der Welt ist Schöpfer. Zwar ist bei anderen philosophischen Fragestellungen die Unterscheidung zwischen erschaffen (aus dem Nichts heraus, dem biblischen Muster folgend) und tun (mit schon vorhandenem Material, dem griechischen Muster folgend) entscheidend, allerdings tritt diese Unterscheidung in Bezug auf die Frage nach unserer poietischen Fähigkeit in den Hintergrund. Das poietische Handeln ist schöpferisch: Einerseits sind wir Handwerker und arbeiten immer ausgehend von etwas; andererseits spiegelt sich die Tatsache, dass jeder Einzelne von uns schon ein absoluter Anfang ist, in alldem wieder, was wir tun, und verleiht diesem Tun den Charakter einer Schöpfung. Bauwerker zu sein bedeutet, fähig zu sein, etwas zu tun oder etwas weiterzuführen. In diesem Tun erscheint gewöhnlich etwas Neues, ein Element, in welcher Form auch immer, das vorher noch nicht da war. In der Verwandlung der Dinge zeichnet sich etwas von uns selbst ab und damit auch von der unglaublichen Tatsache, dass wir Anfang sind. Darum kann man von kreativer Fähigkeit im eigentlichen Sinn sprechen, nicht in dem begrenzten und manchmal leeren Sinn, mit dem man dieses Wort gebraucht. Wir sind vor allem in den elementarsten Dingen kreativ sowie in den bescheidensten. Wir sind kreativ in Momenten, in denen wir nicht einmal wissen, dass wir es sind. Wir sind kreativ in der Geduld, die wir in guten Beziehungen mit den Anderen haben, in der Art und Weise, in der wir uns um das kümmern, was man nicht besitzen kann, in der Art und Weise, das zu suchen, was man nicht finden kann ... Und ja, wir sind auch in der Arbeit kreativ, um uns unser tägliches Brot zu verdienen. Aber auch hier sollte die Kreativität nicht als Filigranarbeit verstanden werden. Es verhält sich so, wie Marx beobachtet hat: Wir sind kreativ bei der Arbeit, weil das, was wir hervorbringen, mehr ist als das, was wir verbrauchen. Dieses Mehr, welches Marx den *Mehrwert* nannte, holen wir aus dem Nichts heraus. Gerade hierin liegt das Wesentliche der marxistischen Theorie des Mehrwerts, die eher eine anthropologische und metaphysische These als eine ökonomische ist: Der Mensch *schafft* Wert und hat gerade darum etwas Göttliches. Erschaffen zu können heißt, sich von der Herrschaft der Notwendigkeit und der immanenten Totalität zu befreien.

Es ist offensichtlich, dass der Begriff *Welt* mehrere Bedeutungen hat: Welt als Gesamtheit der existierenden Dinge, oder auch Universum; Welt als Bereich oder abgegrenztes Gebiet (die physische Welt, die geschichtliche Welt ...); die weltliche Welt, als Gegensatz zur ewigen, überirdischen, transzendentalen ... Aber man kann *Welt* auch als einen Aspekt von dem begreifen, was uns gegeben ist, oder von dem, wessen wir fähig sind, es ausgehend vom Gegebenen zu tun. Das heißt, Welt als Kosmizität, Anordnung, Harmonie, Ausrichtung. *Mundus* konnte im Lateinischen als Adjektiv fungieren, was dann so viel wie ›sauber‹, ›reinlich‹, ›zurechtgemacht‹ bedeutete. Und in diesem Sinn entspricht es dem griechischen Begriff *Kosmos*, der ebenfalls etwas bezeichnete, was geordnet und harmonisch ist. So konnte man den sternenbedeckten Himmel als Kosmos bezeichnen, aber auch die häusliche Ordnung und Sorgfalt. Xenophon erklärt in einem sehr plastischen Text, dass man sich in einem gut aufgeräumten Haus wohl fühlt und dass es nichts Schöneres und nichts Praktischeres gibt als die Ordnung.[59] Wenn die Dinge sich gewöhnlich an ihrem Ort befinden, dann trauert selbst der Ort um ihre Abwesenheit. Der Unterschied zwischen der Kosmizität des sternenübersäten Himmels und der des Hauses ist, dass uns die erste gegeben ist, während die zweite Frucht des menschlichen Handelns ist. Wir sind *kosmopoietische* Wesen, wir erschaffen Kosmizität, Welt, Harmonie, Gerechtigkeit – auch die Gerechtigkeit (*justícia*) sollte von der *Ausrichtung bzw. Aushandlung* (*ajustament*) und der Kosmizität her verstanden werden. Weltpoet und Welterschaffer zu sein bedeutet also, etwas zur Harmonie, zur Schönheit, zur Dauerhaftigkeit und zur Bewohnbarkeit der Welt beizutragen, zur *Eucosmia* – um einen schönen Begriff zu gebrauchen, der sich bei Aristoteles finden lässt –, zur Gerechtigkeit und zur Ausrichtung.

Dem Weltbauwerker entgegengesetzt stehen der Parasit und der Zerstörer. Unsere kosmopoietische Fähigkeit kann ausarten, sei es in Form eines parasitären Profiteurs oder in Form eines Übeltäters. Das ist die *Antipoiesis*: parasitieren, zersetzen, zunichtemachen. Die *Antipoiesis* hat nichts von der poietischen Beugung und ihr Resultat ist nichts anderes als die Zunahme des Chaos. Heutzutage gibt es eine »Produktivität«, die eher *Antipoiesis* als *Poiesis* ist: Sie verschlimmert die Welt, d. h. sie vermindert die Welt. Sie verschmutzt, und anstatt Welt zu schaffen, vermehrt sie eher den Unrat (*immundícia*; wörtlich genommen die *Nicht-Welt*). Weltbauwerker zu sein, bedeutet, mehr Welt zu bauen und sie gleichzeitig von Unrat zu säubern. Weltbauwerker zu sein, bedeutet, sich um Fortdauer, Beständigkeit und Definition zu bemühen. Während die Produktion des Spätkapitalismus die Uneingeschränktheit vorantreibt, ist für die Harmonie der Welt das Bemühen um Beschränkungen erforderlich. Die Uneingeschränktheit ist Verbündete des Chaos. Für den Weltpoeten ist die Einschränkung ein Horizont und das uneingeschränkte Chaos eine drohende Gefahr. Wir sind selbst für einen großen Teil des Unrats verantwortlich. Aber auch in der Situation selbst liegt schon etwas Düsteres, das zunehmend verfällt. *Un*kraut gibt es. Und man muss beim Zurückschneiden sehr diszipliniert sein, denn sonst überwuchert es alles. Die *Poiesis* muss den Folgen unseres eigenen Verderbs entgegenwirken, aber auch der Entropie und dem Chaos, die schon da sind. Ohne Zweifel braucht es noch mehr Weltpoeten und Weltbauwerker. Mehr Menschen, die etwas Gutes tun, die Worte und Hölzer biegen, die uns zur Zuflucht dienen sollen. Mehr Weltpoeten und Weltbauwerker, die zusammenbringen: die Worte verbinden, die Menschen zusammenführen, die Häuser zusammenlegen, die den Himmel und die Erde miteinander verbinden.

Zusammenbringen (*ajuntar*) und ausrichten (*ajustar*). Manchmal bedeutet ›ausrichten‹ auszuhandeln, bis dass die Stücke zusammenpassen; manchmal bedeutet ausrichten einfach nur, die Dinge an ihren Platz zu rücken, wie beispielsweise, wenn man eine Tür einstellt. Es lohnt sich zu beobachten, dass die Tür einzustellen bedeutet, sie auf ihren Platz zu bringen (in ihren Rahmen), ohne sie jedoch zu schließen, ohne den Schlüssel umzudrehen. Die Tür bleibt offen.[60] Auch eine gerechte (*just*) und abgestimmte (*ajustat*) Welt wäre eine vollkommen offene Welt, in der die Dinge an ihrem Platz wären.

Natürlich ist nicht alles so einfach wie das Ausrichten der Tür. Gut auszuhandeln und zusammenzubringen fällt gewöhnlich schwer, und zwar mehr, als es scheint. Darum ist die Bemerkung des großen Horaz so herausragend und zutreffend, wenn dieser erklärt, dass das Wesen der guten Poesie die *callida iunctura* ist; das heißt, dass Poet ist, wer sich so sehr bemüht, gut zu verbinden, dass ihm Schwielen an den Händen und am Geist entstehen. Fäden aufnehmen, Worte verbinden, Menschen zusammenführen, Welt schaffen: all das ist Poetik, Poietik, und es fällt schwer.

Da der Zustand der Ausgesetztheit gegenüber den Witterungsunbilden dauerhaft ist, müssen die Poeten mehr als ein Dach zusammenlegen. So fügen sich die Handlungen zu einem Bogen zusammen, indem sie einander verstärken. Sie fügen sich zu übereinanderliegenden Gewölben, wie Regenbogen, oder verflechten sich, da miteinander verflochtene Handlungen – ähnlich wie ein Tau – viel stärker sind.

Poet ist, wer sein Handeln über die Schwerkraft der unendlichen Verletzung beugen kann. Wer aus der unendlichen Verletzung die Leidenschaft zieht, mehr Leben zu schaffen, mehr Welt und mehr Sinn. Poet ist, wer in der Furche der unendlichen Verletzung und in der gewölbten Handfläche hält und zusammenhält, so viel er nur kann.

VII SCHWINGUNGEN: STILLE, WORT, GESANG

Das Wesen des Wortes ist der Gesang. Und der Gesang ist vor allem dazu da, *uns Gefährte zu sein*. Das ist der reine Kern der Sprachtheorie.

DIE STILLE

Die Stille ist so alt wie der Gesang. Nicht älter.

Wie der Gesang gehört die Stille zum Wunder der Kontingenz. Man könnte es auch so ausdrücken: Der Ursprung ist der Gesang. Und der Gesang singt die Stille. Denn auch die Stille ist Gesang.

Dass die Stille *ist* und dass sie etwas Wertvolles ist, lässt uns noch ergriffener und fasziniert vor dem Geheimnis des Anfangs stehen. Die Stille ist keine Leere, die dem einleitenden Ereignis vorausginge; wie das Wort und der Gesang ist die Stille selbst eine Schwingung der Tiefe. Dadurch, dass der Gesang die Stille singt, wird also paradoxerweise das Unbeschreibliche und das Wunder noch gesteigert, da damit Erklärungen nach dem folgenden Muster ausgeschlossen werden: »Zuerst war nur die Stille und dann …«. Die Stille ist Stille und nicht Nichts. Die genuine Stille ist kein Vakuum, das gefüllt werden könnte, denn ihre scheinbare Armut ist schon ein Reichtum. Die genuine Stille hat nichts mit der Stille der siderischen Räume zu tun, die Pascal erschreckten. Vielleicht sollte man für diese zweite einen anderen Begriff verwenden – wohl den der *Leere*? Die genuine Stille ist die, die man hören kann, wie Lorca schrieb: »horch, mein sohn, die stille | schweigt in wellen fort«.[61] Und die genuine Stille ist auch die, die sich wahren lässt. Stille zu wahren (zu schweigen) ist wie auf ein Kind achtzugeben und für es sorgen. Denn wenn man auf ein Kind achtgibt, gibt dieses auch auf einen selbst acht. Wenn man die Stille wahrt, bewahrt sie einen auch selbst.[62]

Die genuine Stille (das genuine Schweigen) ist zusammen mit dem Wort offene Möglichkeit und kommt mit ihm gemeinsam hervor. Und so wie das Wort schöpferisch ist – es kann einen Raum, einen Moment oder ein weiteres Wort erschaffen –, so ist es auch die Stille – sie kann einen Raum, einen Moment oder weitere Stille erschaffen. Stille, die durch Stille hervorgebracht wurde, Stille als Tochter der Stille, wächst in ihrer Kraft, denn sie formt die Reife des Lebens noch stärker heraus. Sowohl die Betstühle der Klöster als auch die Kochstellen der bescheidensten Hütten der Welt wären wohl Zeugen für diese so menschliche Tatsache. Dafür, wie die Stille ein Nest aus Federn bildet, in dem das gewärmt und zur Reife gebracht wird, was wachsen kann. Dafür, wie die Stille das menschliche Leben formt. Dafür, wie die Stille uns hilft, Stille zu wahren. Und dafür, wie die, die schweigen, einander schließlich besser als alle anderen verstehen.

Die Leere erschafft nichts. Und auch nicht der Lärm. Der Gegensatz offenbart sich so: die Leere und der Lärm bedrängen hartnäckig das Bündnis, das von Beginn an zwischen Stille, Wort und Gesang besteht. Ihre Feinde haben unterschiedliche Erscheinungsformen: Schrillheit ist dem gellenden, unerträglichen Lärm nahe. Verschwiegenheit ist keine Stille, sondern Verrat am Wort. Man verschweigt, was ausgesprochen werden sollte. Die Wortkargheit ist mit der Verschwiegenheit verwandt … Vorsicht also mit alldem, was das wertvolle Bündnis untergräbt.

Stille, Wort und Gesang, das sind Zustände der Tiefe. Die Stille ist der Zustand der ruhigen Tiefe. Wenn man einen Kieselstein in eine Brunnenöffnung wirft, dann dauert es einige Augenblicke und man hört das gedämpfte Geräusch des Eintauchens, das enthüllt, wie das Wasser in der Tiefe zuvor die Stille wahrte.

DER GESANG

Immer der Gesang, authentischer *Logos*. Vom Anfang bis zum Ende: Pro*log*, *Logos* und Epi*log*. Obwohl das Ende nicht das Ende ist und der Epilog nicht nach dem Schluss kommt und auch selbst kein Schluss ist. Zum Glück.

Der Gesang, ja, und das Wort und die Stille, alle drei definiert als Schöpfung aus den Schwingungen der Tiefe heraus; Schöpfung, beim Menschen nicht aus dem Nichts, sondern aus dem Wort und dem Gesang und der Stille heraus, die schon mit den unendlichen Verletzungen des Lebens, des Todes, des Du und der Welt zusammen auftreten.

Da *Seele* auch die Bezeichnung ist, mit dem das Beben, die Schwingung der Tiefe, benannt wurde, versteht man gleich, dass ein Gesang ohne Seele nicht wirklich Gesang ist – »seinem Gesang fehlt die Seele« sagt man manchmal, wenn man jemanden singen hört. Weil er Nahrung ist, muss er Seele haben. Das Wort und der Gesang, die von den Schwingungen ausgehen und sie wiederherstellen, nähren die Anderen und einen selbst. Man bestellt den Acker, damit das Ausgesäte leichter Nahrung bringt. Analog der Gesang. Es besteht eine Kontinuität zwischen dem Aussäen des Korns und dem Singen eines Liedes: Brot und Gesang nähren sowohl den Körper als auch den Geist. Denn Körper und Geist sind nicht zwei, sondern eins – denn eine ist die Faltung des Fühlens.

Gesang, Wort und Stille beschreiben also unsere wesentliche Schöpfung, unsere hauptsächliche *Poiesis. Logos.* Eine Nahtstelle, hier jedoch nicht binär wie die zwischen Himmel und Erde oder Tag und Nacht, sondern Nahtstelle unerschöpflicher Elemente.

Nun ist klar, dass es schwerere, tiefere, ernstere Worte gibt, die von weiter innen her kommen, und andere, die leichter sind und weder so tief aus dem Inneren kommen noch dahin gerichtet sind, da sie schlichtweg andere Absichten haben (dies hängt damit zusammen, dass die Sprache auch in anderen Funktionen als dieser grundlegenden eine wichtige Rolle spielt). Das bedeutet, dass nicht jede *Poiesis* des Wortes aus der tiefsten Mitte der unendlichen Verletzung kommt. Das Wort und der Gesang jedoch, die wohl aus dieser Mitte kommen, sind Feier und Zuflucht, Segen und Trost. Wir singen, um das Leben zu feiern und nicht so viel Angst vor dem Tod zu haben.

Vielleicht scheint es so willkürlich wie gewagt, zu behaupten, dass das Wesen der Sprache der Gesang ist und dass er auf diese Weise den Kern der Sprachtheorie bildet. Aber ich bleibe dabei. Zweifellos sind Lévinas und Derrida die besten Komplizen in diesem Vorhaben, indem sie beide die These vertreten, dass das Wesen der Sprache die Gastlichkeit ist. Mit noch rückhaltloserer Einstimmigkeit zitiere ich die bewegenden Verse des Dichters Claudio Rodríguez:

Es ist die Gastlichkeit. Es ist der Ursprung
des Festes und des Gesangs.
Denn es ist nur
gastliches Wort: das uns rettet,
lässt es auch verletzt zurück. Und die Liebe ist nur
gastliche Verletzung, kennt sie auch kein Genesen[63]

Es ist mir unbegreiflich, wie die großen Poeten es schaffen, so viel und so gut zu verbinden. Das Gedicht interessiert mich natürlich, da es Gesang, Wort und Gastlichkeit miteinander verknüpft. Aber auch dadurch, dass es Gastlichkeit und Verletzung in Zusammenhang bringt. Es gibt eine *gastliche Verletzung*! Genau das ist die Verletzung der Liebe. Weiter oben habe ich das auf diese Weise ausgedrückt: nur weil wir unendlich verletzt sind, können wir gastfreundlich sein; gerade dadurch, dass wir verletzt sind, können wir Ärzte sein. Das Erschaffen – *Poiesis* – von Zuflucht geschieht aus der unendlichen Verletzung heraus, der gastlichen Verletzung. Aus der Furche der unendlichen Verletzung hebt sich der Gesang empor, der die darin eingravierten Noten erklingen lässt und der jene sorgsam bettet, die ihn hören.

Nietzsche spricht häufig über den Gesang und stellt ihn dem Wort gleich. So singt Zarathustra oft und eines der Kapitel endet mit dem Satz »Also sang Zarathustra«. Jedoch schon von seinen frühesten Schriften an und bis zum Ende (auf das sein bekannter Satz datiert, »ohne Musik wäre das Leben ein Irrthum«),[64] hält Nietzsche Musik und Gesang für die wesentliche und ursprüngliche Sprache.

Nun gut, was ist es in erster Linie, was Musik und Gesang tun? Ohne jeden Zweifel: Sie sind *Gefährten*. Und wer sucht sie nicht, die Begleitung eines Gefährten? Wer kommt ohne sie aus? Von der Begleitung her rührt der Lyrismus und von ihr her rührt der Trost.

Ich weiß, dass mir im sprachlosen Sturm der Nacht die Silhouetten der Zypressen und der alte Glockenturm Trost gespendet haben. Ich weiß, dass beide singen. Sie singen Psalmen. Sie geben die Psalmen wieder, die in ihnen wohnen. Psalmen, die Jahrhunderte lang erklangen, sind in jeden einzelnen der Ringe des Holzes eingedrungen, in jeden einzelnen der steinernen Blöcke des Turmes. Ich weiß, dass dieses Echo noch lange Zeit fortklingen wird. Und ich weiß, dass es Hoffnung geben wird, solange es andauert. Kurz gesagt, ich weiß, dass es Menschen gibt, die von Psalmen bewohnt werden, und Psalmen, die von Menschen bewohnt werden. Und das ist der Gesang.

UNS MIT DEM WORT DIE WELT SCHENKEN

Wer »ich« sagt, sagt das zu einem Du oder weil er ein Du vor Augen hat. Das Bewusstsein eines selbst erfordert den Anderen, sodass es ohne Du kein Ich gäbe. Das oben erwähnte, phantasmagorische Reich würde uns verschlingen. So rettet mich der Andere, jedes Mal, wenn er mich ruft und meinen Namen nennt.

Mit dem Geheimnis der menschlichen Blöße wird der Eigenname, als primärer Schutz, zu einem der ersten Zeichen der poietischen Beugung. Kurz darauf folgt jedoch das Wort, das die Welt benennt, um sie zu einer gemeinsamen Welt zu machen; ein Geschenk für den Anderen und auch für einen selbst. So sucht die Poietik über die Welt genau das: miteinander teilen – und nicht besitzen. *Der Name, der den Dingen gegeben wird*, ist *ein Geschenk für den, der einen Namen trägt.* Die aussagende Funktion der Sprache ist der vokativischen untergeordnet. Wir sagen einander die Dinge. Wir bieten sie einander dar, indem wir sie sagen. Die alltägliche Situation, die das am besten reflektiert, ist die der Mutter oder die des Vaters, wenn sie ihrer Tochter sagen: »Schau mal, Anna, was da ist … eine Schildkröte.«

»Schau mal …« ist der Ursprung des Wortes, das die Welt sagt.

»Schau mal …« heißt, dem Anderen und sich selbst die Welt vor Augen zu führen, sie zu vergegenwärtigen, die Welt zu einer gemeinsamen zu machen, und hat nichts damit zu tun, zu sagen »das ist mein«. Das primäre Bestreben der ursprünglichen Worte ist nicht besitzeinnehmend, sondern feierlich und umsorgend. Wir segnen.

Ausgehend von dieser Idee könnte man die folgende Version des Textes der Schöpfungsgeschichte vorschlagen. Draußen, in den Randbezirken des unmöglichen Paradises, waren Adam und Eva und andere. Schon immer haben sie ihren Lebensunterhalt bestreiten müssen. Und das kostete Zeit und Mühe, so wie heute. Manchmal erlebten sie auch Momente der Ruhe, die jedoch durchdrungen waren, von einer aufkommenden Melancholie. Eva, die mehr Lebenskraft besaß, führte den Trost ein. Dafür wandte sie sich mit Namen an ihren Gefährten und sagte ihm: »Schau mal, Adam, was da ist … eine Schildkröte.« So geschah es, wie begonnen wurde, die Welt zu sagen, und keineswegs mit einem vereinzelten, majestätischen Adam, der, indem er seine Macht ausübte, die Dinge benannte und zugleich beherrschte.

Wie auch immer es gewesen sein mag, es besteht kein Zweifel an der Tatsache, dass das Du das Gegenwärtigste ist: als Gegenwart und als Geschenk. Dank dem Anderen gibt es Welt für mich; er gibt der Welt mehr Gegenwärtigkeit. Und erst danach mache ich die Welt zur gemeinsamen und schenke ich dem Anderen die Welt – nachdem er sie mir schon geschenkt hat. Etwas Gleichwertiges sagte Buber: »Nur dadurch, dass das Du gegenwärtig wird, entsteht Gegenwart.«[65] Dank des Anderen gibt es Gegenwart und Bestand der Welt. Also antworte ich auf diese Generosität und mache selbst die Welt zur gemeinsamen und ich bitte ihn darum, dass wir sie uns gemeinsam ansehen. Ich benenne und erkläre die Welt, als etwas, das ich dem Anderen anbiete, den ich benenne, jedoch nicht erkläre.

Wort, das beim Namen nennt, und Wort, das die Dinge anbietet. Das ist die wesentliche Sprache: den Namen (des Anderen) sagen und etwas darbieten. In beiden Fällen: Antwort, Formen der Antwort.

ERFINDERISCHES SCHAFFEN

Allerdings gibt es Härte, Dunkelheit. Darum sagen wir uns die Welt nicht nur. Wir phantasieren auch über die Welt. Wir besingen sie und verzaubern sie erneut. Und wir erzählen uns Märchen.

Dem »Schau mal …« folgt ein »Stell dir vor …«.

Manchmal ist die Realität beschwerlich, opak, entsetzlich und darum besteht unsere Geste darin, uns einen freundlicheren Ort vorzustellen, einen wärmeren, bewohnbareren. *Den Unbilden der*

Witterung gegenüber schutzlos ausgesetzt erschaffen wir Orte der Zuflucht: Wände aus Backsteinen, Dächer mit Ziegeln, Verkleidungen aus Worten und Symbolen.

Schutzlos ausgesetzt sind wir vernichtenden Kräften bedingungslos ausgeliefert, wie zum Beispiel der des unerbittlichen Laufs der Zeit, die uns fortträgt und die alles auswischt, aber auch anderen Kräften, deren Ursache wir selbst sind, wie beispielsweise die Ideologien, die alles auspressen, bis es gänzlich vertrocknet. Das genuine Wort, der Gesang und die Stille leisten beiden Formen der Vernichtung Widerstand. Das Wort – und das Symbol – *erweicht, lockert, spendet Sauerstoff* angesichts der Härte der Realität; *verzögert, verlangsamt und wahrt die Hoffnung* angesichts der Vernichtung durch die Zeit; *erhält das Erstaunen und die Überschattung durch das Wunder der Welt* angesichts der ideologischen Reduktion.

Schutzlos ausgesetzt braucht der Mensch Zuflucht und Orientierung. Denken ist Sinn erzeugen. Oft ist das erzeugte Wort eine Art *Rundweg* oder Umweg, der besänftigt, abmildert. Es geht darum, weder isoliert zurück noch unbeweglich stehen zu bleiben. Das Wort ist schon Bewegung, die einen Teil der Kunst zu leben ausmacht; der Kunst zu leben angesichts der Erschwernis des Lebens.

Nicht isoliert, nicht unbeweglich gegenüber dem Abgrund. Sprechen und sich etwas vorstellen bedeutet sich bewegen. Und das möchten wir an der Seite der Anderen tun, mit den Anderen und für die Anderen. Das Wort und die Vorstellungskraft streben vor allem danach, zu erschaffen und Gefährte zu sein. Wir erschaffen, um nicht allein zu sein. Und wir erschaffen, damit der andere auch nicht alleine ist. Gemeinsam phantasieren wir. Daher kommt auch die wunderschöne Fährte des »Stell dir vor …«. Seit unvordenklichen Zeiten bis heute: »Stell dir vor …«. Und was stellen wir uns vor? Natürlich alles Mögliche, aber insbesondere Situationen, die uns guttun: zunächst, dass die Vernichtung anhielte, und dann, dass es mehr Freude gäbe. Zuerst die Entropie anhalten und dann das Leben intensivieren. Dies stimmt mit der These des Anthropologen Gilbert Durand überein, Schüler Bachelards und Autor eines großartigen Buches über die Vorstellungskraft und das Symbolische mit dem Titel *Les structures anthropologiques de l'imaginaire*. Durand vertritt die These, dass die wichtigste Funktion der Phantasie die euphemistische sei; das heißt, die Funktion, die darin besteht, den Verfall *aufzuhalten* oder *zurückzusetzen* und so Raum für Hoffnung zu geben. »Der höchste Sinn der Vorstellungskraft, die sich gegen das tödliche Schicksal auflehnt, ist der *Euphemismus*. Das heißt, dass es im Menschen ein Vermögen gibt, die Welt zu verbessern.«[66] Erschaffen heißt Deiche errichten. Derrida nennt das *demeurer*. Als Gegensatz zum Werden, zur Fatalität, zur Fluidität und zur Trägheit ist die Phantasie Zufluchtsort, Innehalten, Pause, Schutz. Aus diesem Grund sind Phantasie und Erinnerung miteinander verbunden. Die Erinnerung gehört der Vorstellungskraft im Allgemeinen an. Die Erinnerung ist Erinnerung gegen die Zeit, gegen die von der Zeit bewirkte Auflösung. Erinnerung als wiedergewonnene Situation oder als eine gegen das verheerende Vorwärtsschreiten des *Chronos* bewahrte Begegnung. Die Kraft, die aus der unendlichen Verletzung hervorströmt, ist nicht die der Fluidität, sondern die des Widerstandes und der Erinnerung.

Gegen das Gesetz der Versteinerung erhebt sich gewaltig die Kraft des Lebens, des Wortes, die die Härte der Realität erweicht, die das Herbe ein wenig versüßt, die die Dunkelheit ein wenig erhellt. Wir phantasieren und symbolisieren, weil wir vom Verfall und vom Tod betroffen sind. Darum ist die Antwort Aufgabe der Hoffnung. Wir denken, um trotz des Verfalls Sinn zu suchen. Wenn wir den Verfall als Vernichtungsprozess bezeichnen, ist Denken und Phantasieren vor allem Widerstand gegen den Nihilismus. Die Aufgabe des schöpferischen Lebens ist, das Abfallen der Energie zu verlangsamen. Erzählen, phantasieren, denken, uns orientieren, immer gegen die *Fatalität*.

Ein kleiner Exkurs: Man sollte zwischen Unbeweglichkeit und Verzögerung unterscheiden. Die Unbeweglichkeit tut uns nicht gut. Sie hat mit der Angst zu tun, mit der Unfähigkeit weiterzumachen und mit der Erkrankung. Die Verzögerung dagegen ist der lebendige Widerstand, der den vernichtenden Kräften entgegengesetzt wird. Die Pause, die Verzögerung und die Ruhe sind selbstbestimmte Bewegungen, Zeichen von Gesundheit und Kraft. Dazu gehört auch das Vorstellungsvermögen.

An diesem Punkt angekommen können wir uns fragen: Und wie läuft das Erschaffen von Worten und Symbolen ab? Was *ist* das *Material* der erfinderischen *Poiesis*? Nun, vor allem jenes, das mit den vier Unendlichkeiten versehen ist, die uns verletzen, sowie mit den grundlegendsten und intensivsten Bewegungen, die wir in unserer Situation machen: gehen, ruhen, sehen, heimkehren, die Hand geben, einen Berg besteigen … Die Vorstellungskraft nährt sich von diesen Handlungen und verlängert sie in gewisser Weise. Darum beziehen sich die Symbole auf Bewegungen nach oben, nach unten, nach innen … Nun sind die *konkreten Bewegungen* immer in eine Situation eingebettet: Zimmer, Zuhause, Straße, Wald, Stadt, Fluss … Die Orte bilden den Kontext der Bewegungen. Deshalb ist die Vorstellung immer Vorstellung, die von Orten ausgeht. Unsere kleine Welt ist die Freundin der Phantasie. Selbst die im Schoße des Traums entfaltete Phantasie braucht einen Ort: im Bett, eingehüllt und zusammengerollt, träume ich. Wenn wir beides zusammen berücksichtigen – wie man es tun sollte –, das Denken und die Vorstellungskraft, dann erweist es sich als sehr interessant, die tiefe Zuneigung zu beobachten, die manche Autoren mit ihrem Ort, ihrem Zimmer oder ihrer Hütte verbinden: Montaigne, Rousseau, Thoreau, Wittgenstein, Heidegger … Bewohnen ist die wesentliche Bewegung, die die Phantasie nährt: unsere engste Beziehung zur Welt, die verbunden ist mit dem Tastsinn, der Nähe und der Wiederholung … Dabei verbindet sich die Zeit der alltäglichen Wiederholung mit dem Ort und beide treten dem vernichtenden *Chronos* entgegen. Oft ist die Vorstellungskraft, die am tiefsten in die *Alltäglichkeit* eindringt, auch die fruchtbarste. Da die Wiederverzauberung (*re-encantament*) wie das Gehör ist, um den Gesang (*cant*) erneut zu hören, ist es ratsam, in den Tag hineinzugehen, um dort Reichhaltigkeit und Gesang wiederzuentdecken und von hier aus neu zu erschaffen und zu verzaubern.

Die Alltäglichkeit ist tatsächlich schon eine Antwort auf die Situation; sie ist schon Teil der *Schwerkraft*, des *Ernstes* des Lebens. Der Flug hebt sich von der Waagerechten der Erde empor. Manchmal meint »fliegen« steil nach oben zu steigen und beinahe den blauen Himmel zu berühren, ohne jedoch die Schönheit der flachen Erde aus den Augen zu verlieren. Indem die Vorstellungskraft immer in Verbindung steht, vergisst sie weder noch kolonisiert oder erdrückt sie das Wertvollste unserer kleinen Welt – vorausgesetzt sie ist richtig orientiert. Ganz im Gegenteil, sie hilft gewöhnlich, diese weiter zu erkunden, sie zu vergrößern und noch mehr Welt zu schaffen. Darum ist die Phantasie *Kosmopoietik*.

WORTE UND SYMBOLE NEU ERSCHAFFEN UND NEU ÜBERDENKEN

Fast wie einen Leitspruch pflegte Paul Ricœur zu wiederholen: »*Le symbole donne à penser*« (›Das Symbol gibt zu denken‹). Ein guter Leitspruch, dem Kant schon mit seiner Äußerung vorgegriffen hatte, nach der die Vorstellung der Einbildungskraft »viel zu denken veranlaßt«.[67]

Das Symbol gibt aus einem ganz einfachen Grund zu denken: da es selbst schon ein wunderschönes Schmiedestück ist, das dazu einlädt, neu- bzw. wiedererschaffen zu werden.

Jedes ernsthafte, gewichtige Wort ist Symbol. Die *Poiesis* des Wortes ist *Poiesis* des Symbolischen. Worte, die bezeichnen, das heißt, die etwas anzeigen oder auf etwas hinweisen, die aber vor allem konnotieren, das heißt, etwas hinzubedeuten, etwas zusammen mit der scheinbar direkteren Bedeutung andeuten. In gewisser Weise ist die offene Konnotation wie ein Gesang, dessen Echo die Grenzen von alldem erweitert, was uns gegeben wurde.

Das Symbol erreicht uns also wie eine Möglichkeit, etwas zu über-denken, etwas erneut zu denken (*re-pensar*). Das Symbol bietet etwas an und das, was es anbietet, gibt zu denken; veranlasst, zu den Grundlagen zurückzukehren, um zu sehen, wie etwas geschmiedet wird und *Wert* erhält, das heißt, wie es zu einem *Bedeutungsmehrwert* kommt. Für den Menschen bedeutet schöpfen etwas tun, während man von etwas anderem ausgeht, als ob man zu etwas, was schon irgendeine Art Wert – Bedeutung – hat, noch weiteren Wert hinzufügte. Selbst über das Voraussehbare hinaus. Der Mehrwert des Symbols verweist auf dieses *Bedeuten, das über das Voraussehbare hinausgeht.*

In jedem einzelnen Gegenstand lagert sich allmählich die menschliche Erfahrung ab, die mit ihm in Verbindung steht. Der Gesang ist Teil dieser Erfahrung und wie die Bewegung, die die Schwingung desselben Gegenstands fortsetzt – der Weg, das Meer, der Tisch, der Baum, die Weinrebe, die Treppenstufe … Das erfinderische Schaffen – zu der auch der Gesang gehört – geschieht also auf der Grundlage der Dynamik unseres Bewohnens. Die Symbole verweisen auf Bewegung, da sie auf der Bewegung des Lebens geschmiedet sind. Das ist die Anmut der Symbole und der bedeutsamen Worte: eine Einladung dazu, über die Situation, in der wir uns befinden, und die Verletzung, die wir sind, nachzudenken. Darum muss man zwar entmythologisieren (was bedeutet, die Symbole nicht mehr als dogmatische Erklärungen aufzufassen), jedoch sollten wir nicht entmythisieren, das heißt, das Symbol als das zu begreifen, was zu denken gibt – was dem zu denken gibt, der schon denkt.

Man könnte sagen, dass die Philosophie, wie auch die Poesie und die Malerei, sich bemühen sollte, das *Infranatürliche* (was eine andere Bezeichnung für das *Übernatürliche* ist) sichtbar zu machen. Immer in der Absicht, weiter nach innen oder weiter zum Grund hin zu kommen.

Nun sollte man bei der Erschaffung und bei der erfinderischen Neuerschaffung jedoch, wie bei allem, enthaltsam sein. Man sollte bescheiden sein. Es empfiehlt sich dabei, die Überladung und die Mittelmäßigkeit zu vermeiden – besser wenig und gut. Es gibt Psychopathologien, mit denen eine Art imaginatives Delirium in Verbindung gebracht wird, jedoch sollte man, um korrekt zu sein, dazu sagen, dass die pathologische Gefahr der Einbildungskraft praktisch gleich null ist, im Vergleich mit der, die man der bis zum Exzess getriebenen logischen Diskursivität zuschreibt. Die seelische Erstickung ist eher mit der Logik als mit der Vorstellungskraft in Verbindung zu bringen.

INSTANDHALTUNG VERSUS TRÄGHEIT

Man wäre blind, wenn man die große Bedeutung nicht bemerkte, die es hat, das zu erhalten, was wir zu erschaffen vermochten. Trotz der Flucht nach vorne, die unsere Zeit auszeichnet und die einfach alles auf schmerzlose Weise hinfällig macht, bleiben glücklicherweise noch einige Anzeichen dafür, wie sehr uns der Verlust von alten Worten schmerzt. Irgendetwas in uns – irgendetwas von uns selbst – widersetzt sich dem Vergessen und dem Verlust. Und das nicht, weil wir diese Worte als magisch empfänden oder weil sie uns den Schlüssel zu rätselhaften Geheimnissen gäben; und auch nicht, weil sie den Wert einer Antiquität hätten und wir sie in mit Samt bekleideten Kästchen aufbewahren wollten, um sie dann den neugierigen und auf Raritäten erpichten Kunden zu verkaufen.

Wie ist es möglich, dass ein gewichtiges Wort verloren geht? Nun, dadurch, dass es in einer schlichten Werkstatt geschmiedet worden ist; dadurch, dass wir es kreiert haben. Dadurch, dass wir es gesungen haben. Es ist weder ein Automatismus noch ein Geschenk Gottes, noch ist es Teil irgendeiner ideellen Sphäre. Es ist kontingent. Noch heute können wir die Anstrengung und die Glut der Schmiede spüren. Die Bedeutung des Verlustes geht sowohl auf dieses anfängliche Echo zurück als auch auf die Zuflucht und die Orientierung, die das Wort inmitten der Unermesslichkeit der Welt gestiftet hat. Gewichtige, ernsthafte Worte sind wie Zelttücher und Spannleinen der Zelte von einst. Tücher und Leinen und Kompasse.

Es schmerzt uns, sie zu verlieren, da sich mit ihnen auch die aufgebrachte Mühe und die erreichte Orientierung verliert. Es geht damit auch ein bisschen von uns selbst verloren. Wie kommt es beispielsweise, dass das Vergessen der Worte in der blendenden Rhetorik des Transhumanismus bei der vermeintlichen Herstellung perfektionierter Hybride so beachtlich ist?

Wir sollten Worte noch besser instand halten als Häuser, Dörfer oder Wege. Früher war man sehr auf der Hut, die Feld- und Waldwege nicht verwahrlosen zu lassen. Denn das würde Verleugnung bedeuten sowie bedeuten, der menschlichen Welt Gewalt anzutun. Genauso verhält es sich also mit den Worten. Zeichen und Wegetappen In der Nacht.

Woher kommt die Nachlässigkeit, die zulässt, dass sie verloren gehen? Man spricht von der Müdigkeitsgesellschaft, aber diese Müdigkeit ist die Oberfläche einer Trägheit, die dahintersteckt. Ja, das ist sicher: Da ist Müdigkeit, viel Müdigkeit. Infolge des Trubels, der Beschleunigung und der rasenden Dynamik des Konsums. Aber all das geht aus einem Rückzug, einer Unlust, einem Vertrauensmangel hervor. Es ist ein bisschen paradox, dass der vom Vertrauensmangel offengelassene Raum sich rasch mit einer erschöpfenden Rastlosigkeit füllt.

Der zeitgenössische Nihilismus steht mit dem in Zusammenhang, was man traditionell die *faule Vernunft* (*ignava ratio*) nannte, die einen Gedankengang hervorbrachte, vielleicht megarischer Art, der zur Trägheit einlädt, das heißt, dazu, nichts zu tun. In einer halb improvisierten, alltagssprachlichen Version liefe es darauf hinaus, zu behaupten: Da man ja doch nichts tun kann – was geschehen muss, das wird geschehen –, braucht man auch nichts zu tun. Kant sagt, dass die faule Vernunft sich hinter all den Grundsätzen verbirgt, die die Dinge als schon vollendet erklärt. Die Erklärung würde wie folgt lauten: Da das, was man tun sollte, schon getan ist, braucht man nichts mehr zu tun. In beiden Fällen – Fatalität und Vollständigkeit – findet man in einer Art existenziellen Trägheit Argumente dafür, *nicht wirklich etwas zu tun* bzw. *nichts gut, nichts Gutes zu tun* und viel gewandte Rede über Änderungen hervorzubringen, die nur scheinbar und vorgetäuscht sind, nichts Substantielles. Die *nihilistische Trägheit* durchtränkt unsere Welt und erodiert unauffällig, aber wirksam Gesang, Wort und Stille. Es sei bemerkt, dass beim Ausdruck *faule Vernunft* die Betonung nicht auf *Vernunft*, sondern auf *faul* liegt: Die Trägheit gibt sich als vernünftig aus. Es wäre klarer, etwas wie *rhetorische Trägheit* zu sagen. Diese Trägheit ist nihilistisch: Sie glaubt an nichts, strebt nichts an, will nichts. Aber sie verschlingt alles. Und das Unwohlsein wächst und die Depression breitet sich aus.

Auch Worte reifen; sie werden geschmiedet und reifen. Ohne Stöße, ohne Gedröhne und Getöse, schlicht, aber mit viel Anstrengung werden echte Worte auf dem Amboss der Stille geschmiedet. Und der mineralische Geschmack der Stille wird sie immer begleiten, solange es Worte sind und sie nicht verfallen und in das Reich des Lärms übergehen.

Ja, auch die Worte reifen, aber wenn man es recht betrachtet, *ist das Schmieden eines Wortes schon Frucht einer Reife*. Die Reife, die das Wort entstehen lässt, haben wir *Antwort* – Verantwortung – genannt. Wahrhaftes Sprechen bedeutete schon immer, das eigene Wort an das erhaltene Wort zu binden und so erneut das Wort zu geben.[68]

Der Verderb des Wortes ist Lärm, Demagogie und Gewalt. Gewalt, das heißt, Abwesenheit des Wortes, denn die Gewalt ist in Wahrheit immer stumm. Es ist leicht, sich zu täuschen. Die Gewalttätigen haben nie aufgehört, daherzureden. Und die Demagogie ist vor allem im Politischen beträchtlich. Welches Kriterium haben wir, um zu unterscheiden? Es gibt viel Goldfarbenes, was nicht Gold ist, und viel Silberfarbenes, was nicht Silber ist. Das Wort ist nur im eigentlichen Sinn Wort, wenn man darin die Kraft des

Ergriffenseins und der Nicht-Gleichgültigkeit fühlt. Das Pseudo-Wort, was eigentlich Gewalt ist, könnte durch Klassifizierungen, Etiketten und Zahlenangaben ersetzt werden oder auch durch spitze Geräte, Schreie und Gitter …, was die gleiche Wirkung hätte. Und das Pseudo-Wort, was Demagogie oder bloßes Gerede ist, könnte durch jegliche glänzende und verzierende Hülle ersetzt werden, was ebenfalls die gleiche Wirkung hätte.

Gesang, Wort und Stille sind unsere wertvollsten Schmiedestücke. Sie antworten auf die Situation der Ausgesetztheit gegenüber der Witterungsunbilden und auf den kreuzförmigen Einschnitt der unendlichen Verletzung.

Das wesentliche Wort beugt sich über die unendliche Verletzung, wodurch es zum Verband und zum Zelt wird. Verband für die Verletzung und Zelt für das Ausgesetztsein.

VIII MENSCHLICHE SANFTHEIT, UNMENSCHLICHE KÄLTE

Wenn Rilke nahelegt, dass manche Frauen im Grunde menschlicher gewesen seien als manche Männer, denkt er an die Geduld und die Sanftheit, die sie oft auszeichnen, das heißt, an das Gleiche wie Spinoza, wenn dieser erklärt, dass man den Weisen daran erkennt, dass er mit Sanftmut handelt. Wenn der Begriff *Sanftmut* heutzutage auch unpassend ist, ist seine Bedeutung weiterhin so wertvoll wie seit jeher oder sogar noch wertvoller: eine Zusammenfügung von Geduld, Liebenswürdigkeit, Sanftheit, Frieden. Seine Antonyme sind *Härte*, *Kälte*, *Aggressivität* …

In seinem Buch, das unter dem Titel *Petit traité des grandes vertus*[69] erschien, gibt André Comte-Sponville als Beispiel für die Sanftmut die, die von den zeugnisartigen Schriften Simone Weils und Etty Hillesums ausgestrahlt wird. Ich teile vollkommen die Bewunderung für diese beiden Frauen; für ihr jeweiliges Leben und Werk – vor allem das von Simone Weil –; für ihr Leiden und ihre Leidenschaft. Allerdings nutze ich nun meinerseits die Gelegenheit, um noch einmal für das ebenso unermessliche Zeugnis Franziskus von Assisis einzustehen. Beginnend bei der Wärme seiner Lehre verfolge ich nun einen Kurs, der uns schließlich ermöglichen sollte, zu verstehen, warum das Gegenteil der Sanftmut, die Kälte, die reinste Form der Unmenschlichkeit darstellt.

Sowohl in allen Schriften des Franziskus als auch in denen anderer Autoren aus den frühen Jahren des Franziskanismus wird immer das Gleiche betont: dass die Brüder, was auch immer ihre soziale Herkunft sei, in der gleichen Weise behandelt wurden: wie *mindere Brüder*. Sie alle gleich zu behandeln, steht am Anfang der tiefgehenden Revolution, für die Franziskus eintrat: In einer stark hierarchisch organisierten Gesellschaft hat er sich zum Ziel gesetzt, in der offenkundigsten Horizontalität zu leben, ohne Vorbehalte und Streit vermeidend. Trotzdem meint diese Horizontalität keinen Uniformismus. Die Beziehung zwischen Brüdern – *fratres* – ist reine Lebenskraft. Die brüderliche Gemeinschaft hat sehr wenig Struktur und viel Dynamik.

Mindere Brüder: Franziskus prägt diesen Ausdruck, der auf eine Wesensart hinweist, die jeden Anspruch auf Vormachtstellung abwendet. *Minder*, das heißt, klein, bescheiden. So ist an erster Stelle wichtig: Alle sind gleich klein, alle gleich gering (*menor*). An zweiter Stelle: Alle sollen sich wie gute Brüder behandeln; immer bereit, dem anderen zu helfen, in *mütterlicher Liebe*: »Und jeder liebe und ernähre seinen Bruder, so wie eine Mutter ihren Sohn liebt und ernährt.«[70] Hierbei sei zu beachten, dass die Brüderlichkeit – ein Wort, das im Abstrakten sehr selten gebraucht wird – hier immer eine konkrete Beziehung zu den Brüdern meint.

Franziskus zeigt sich zurückhaltend alldem gegenüber, was sich als Vormacht hervortut: *magnatus*, *magister*, *praelatus*. Das Ideal: Mindere (*menores*) ohne Höhergestellte. Darum ersetzt er den *Prior* durch den *Kustos* (*lat. custos*, »Hüter«) und den *Abt* durch den *Guardian* (*lat. guardianus*, »Wächter«, »Hüter«) – der, der behütet und betreut. Natürlich ist die Minorität eine Eroberung. Es braucht viel Kraftaufwand und Arbeit an sich selbst, sich letzten Endes als Diener der Anderen und aller Lebewesen wahrzunehmen. Eine der ersten Auswirkungen dieser Revolution ist die Tatsache, dass niemand Angst vor den Minderen hat. Die friedfertige Haltung wird nie aufgegeben. Als Franziskus eines Tages – sein Wagnis war schon weit vorangebracht – gefragt wird, warum er nicht interveniere, um den Verfall des Ordens zu korrigieren, antwortet er: »Wenn ich die Laster nicht mit der Predigt und dem Beispiel besiegen und richten kann, dann will ich mich nicht in einen Henker verwandeln, um zu schlagen und zu geißeln, wie die Machthabenden dieser Welt.«

Die Minorität ist wie das Öl, das salbt und nährt. Das Wagnis der Brüder war wahrhaftig. Wahrhaftig waren ihre Liebe und ihre Umarmungen. Und es ist wahr, dass manche das noch weiterfortführen. Der erste Biograph Franziskus', Thomas von Celano, erzählte, dass es Freude bereitete, »ein Aufblühen von spiritueller Zuneigung, eine brüderliche Liebe, höher als jede andere Liebe«[71] zu beobachten, wenn sie sich trafen. Es erweist sich als bedeutsam, dass Franziskus die Brüder in seiner Regel darum bittet, die Neuankömmlinge *freundlich* zu empfangen. Das ist sicher eine gute

Art und Weise zu beginnen. Und ohne Zweifel auch die beste, um fortzufahren. In seinen Schilderungen der ersten Jahre der franziskanischen Bewegung erinnert Thomas Eccleston daran, dass die Brüder sich gegen Abend unterhielten und lachten, während sie ein wenig Bier tranken. In den ersten Gemeinschaften wurde die Brüderlichkeit besonders gepflegt, wodurch sie Aufnahme und Unterstützung erfuhren. Celano betont, dass Franziskus »viel menschliches Taktgefühl besaß, gewandt und extrem freundlich war« und dass er *mit seiner Zuneigung* alle Brüder *verband*. Mit dem milden Band der Zuneigung verbinden: das ist das Geheimnis. Die Brüder verbreiteten einen Frieden und eine Freude, die ansteckten. Und man überträgt nur das, was man tatsächlich lebt: »Den Frieden, den ihr mit dem Mund verkündet, solltet ihr auch im Herzen tragen, sodass ihr niemandem Grund zur Wut oder zum Ärgernis gebt, sondern durch euren Frieden und eure Sanftmut jeden zum Frieden und zur Güte einladet.«[72] Darauf beruht der franziskanische Gruß: *Pax et bonum*.

Der Franziskanismus ist eine Philosophie der Liebe, der tiefen Sympathie für den Menschen und für alle Lebewesen. Das ist kein Voluntarismus gegen den Intellektualismus; es ist eine *Sympathie*, die sich in Form von Handeln und Weisheit ausdrückt. Darum sagt Johannes Duns Scotus, franziskanischer Ordensbruder und Philosoph, den ich oben schon zitiert habe: »Die Liebe ist wahrhaftig das Handeln«.

Der Frieden ist etwas, das aus dem Herzen kommt. Deshalb liegt die Betonung weniger auf dem Friedenstifter als auf dem *Friedlichen*. Nur der Friedliche vermittelt den Frieden. Heute sprechen wir dagegen zu oft von Wiederherstellung des Friedens, von Experten und Techniken, die Frieden bringen sollen, viel zu wenig jedoch von friedfertigen Personen. Das ist ein weiteres Symptom für die bevorzugte Stellung, die wir den technischen Instrumenten und der technischen Vermittlung beimessen, gegenüber dem, was wirklich zählt, und zwar eine Art und Weise, wie jemand ist. Franziskus lehrte nicht, wie ein Friedenstifter oder Vermittler zu *handeln*, sondern friedfertig zu *sein*. Das ist der verlorene Leitsatz, den es so dringend wiederzugewinnen gilt.

Die Sanftmut, die aus dem friedfertigen Herzen strömt, ist das Ergebnis eines unbeirrbaren Kampfes gegen Herrschafts- und

Machtansprüche. Der Mindere Bruder bemüht sich, friedfertig zu sein. Und sicher ist, dass es mehr Gemütsstärke erfordert, friedfertig zu sein als herrschsüchtig. Am leichtesten ist es, zu urteilen; am schwersten, darauf zu verzichten. Die beste Technik der Schlichtung ist, friedfertig und aufrichtigen Herzens zu sein. Das Zeugnis dieser Gutherzigkeit erweckt Respekt und verbreitet Frieden.

Das ist keine erbauliche oder moralisierende Rede. Es birgt sich darin etwas Wahrhaftiges, das nur empfängt, wer von Herzen darin einstimmt. Ich werde dies an einem Beispiel zeigen. Der Franziskanismus verknüpft, wie auch andere religiöse Bewegungen, die Bekehrung zum christlichen Evangelium mit Elementen, die aus dem hellenistischen Erbe stammen. Es gibt jene, die das ernst nehmen, wie beispielsweise Foucault. Auch er greift manchmal auf das Klischee zurück, dem zufolge der christliche Asketismus im Gegensatz zu den asketischen Praktiken des Hellenismus dazu diene, die Welt hinter sich zu lassen. Im Allgemeinen jedoch pflegt er es sehr genau zu nehmen und vermeidet Simplifizierungen angesichts der Vielfalt an Wegen, die von der christlichen Kultur erkundet worden sind. Laut Foucault entspricht die Geschichte der Ethik dem Studium der Praktiken der Sorge um sich selbst und deren Beziehung zu Normen und Verhaltensregeln. Dabei gebe es Zeiten, zu denen diese Normen sehr stark waren und die Praktiken sich darauf beschränkten, ihnen zu gehorchen, um Sanktionierung zu vermeiden. Dann gebe es wiederum Momente, in denen die Verhaltensnormen nicht mehr zentral standen und das Gewicht sich auf die Praktiken verlagerte. Das sei genau das, was in der franziskanischen Bewegung geschehe, und Foucault feiert diese Tatsache so sehr, dass er den Franziskanismus mit dem antiken Asketismus in Zusammenhang bringt, der ihn am intensivsten im Bann hält, und zwar mit dem der Kyniker: »Die Franziskaner mit ihrer Entsagung, ihrem Umherziehen, ihrer Armut und ihrer Bettelei sind wohl bis zu einem gewissen Grad die Kyniker des mittelalterlichen Christentums.«[73] Von Seiten Foucaults könnte es kein höheres Lob geben: die Franziskaner als christliche Aktualisierung der Kyniker. Nur mit einer Feinfühligkeit und einer Genauigkeit wie der seinen ist dieser Einklang zu bemerken.

Im Gegensatz hierzu und ohne eine Spur weder von Zurückhaltung noch von Bescheidenheit sucht Sloterdijk in einem wenig glaubhaften Buch, das den Titel *Du musst dein Leben ändern* trägt, seine *allgemeine Immunologie* als die Theorie zu verkaufen, die zuletzt die Metaphysik und die Religionen der Vergangenheit ablöse. Nun gut, an einer Stelle äußert er beiläufig und im Bemühen, seine rhetorischen Fähigkeiten unter Beweis zu stellen, in Bezug auf Franziskus: »Das Christentum der frühen Städtezeit suchte den Superstar«.[74] Welch ein Unterschied zu Foucault! Und damit sich niemand täuscht: Sloterdijk ist kein Nachfolger der antiken Kyniker. Für die war Philosophie und Leben das Gleiche.

In seinen letzten Vorlesungen, die er am Collège de France hielt, war eines der Themen, die Foucault für seine Lektüre der Klassiker wählte, das Wahrsprechen (*Parrhesia*). Das erscheint ihm als eine entscheidende Fährte, um sich der Selbstsorge zu nähern, so wie sie in der griechischen Philosophie und den hellenistischen Schulen konzipiert und praktiziert wurde. Ich glaube, dass der Beitrag Foucaults besonders überzeugend und wertvoll ist, und frage mich, ob es nicht auch gut wäre, zusätzlich zur *Parrhesia* die Fährte der Sanftmut bzw. der Sanftheit zu verfolgen. Dafür ist eines der maßgebenden Werke das der bekannten Hellenistin Jacqueline de Romilly, das eben den Titel *La douceur dans la pensée grecque* trägt.[75] Die Autorin ist sich der Befremdung bewusst, die der Titel im ersten Moment hervorrufen könnte. Sie nimmt sich darin vor, von der Bedeutung der Milde in einer Gesellschaft zu sprechen, von der man traditionell die Kraft, die Standhaftigkeit, den Heroismus … herausgestellt hat. Die Milde entspricht dem griechischen Begriff *Praos* und steht mit den Konzepten Gleichheit, Philanthropie und Nachsichtigkeit in Zusammenhang. De Romilly analysiert im Detail das Werk Isokrates' und bemerkt die Häufigkeit, mit der die genannten Begriffe darin vorkommen. Isokrates stand mit Sokrates und mit Gorgias in Verbindung, distanzierte sich von den Sophisten, widmete sich der Lehrtätigkeit und man weiß von ihm, dass er sehr gut mit seinen Schülern umging. Nun war laut Isokrates die Sanftheit das Erbe, das der griechische Geist seit Theseus aufrechterhalten habe: »Er regierte die Polis so sehr im Einklang mit den Gesetzen und so gut, dass auch heute noch Spuren seiner milden Herrschaft in unseren Einrichtungen zu finden sind.«[76] In diesem politischen Sinn schließt die Milde direkt an die Idee der Zivilisation an, das heißt, es wird das Wort und das Gesetz über Gewalt und Brutalität gestellt. Die Zivilisation ist weder ein natürliches noch ein spontanes Erbe, deshalb ist es die Erziehung, die sie fördern und garantieren muss. Kurz gesagt: Laut Isokrates unterscheidet die Milde als *Lebensweise* (Mäßigung, Milde, Respekt …) nicht nur das eigentlich menschliche Leben vom barbarischen, sondern ist auch das, was den Kern der griechischen Kultur am besten zum Ausdruck bringt.

Nach Isokrates wäre zweifellos die des Sokrates die andere exemplarische Figur zu diesem Thema. Ein Fragment aus dem *Phaidros* illustriert das besonders gut. Sokrates ist gerade im Gespräch mit Phaidros und fragt ihn, wie Sophokles und Euripides wohl reagieren würden, wenn jemand, nachdem es ihm gelungen ist, einige Worte glücklich miteinander zu kombinieren, sich als großer Poet ausgibt, noch dazu vor den beiden. Phaidros antwortet, sie würden ihn wohl belächeln. Sokrates jedoch beobachtet: »Aber sie würden ihn sicher nicht, wie ich glaube, grobschlächtig ausschimpfen …«.[77] Das heißt, sie versuchten, ihm seine Situation bewusst zu machen, allerdings in sanftem Ton. Denn das Zeichen der Weisheit ist die Freundlichkeit und in keinem Fall die Arroganz. Im Bereich der Erziehung und der Bildung und im Bereich der Selbstsorge ganz allgemein ist die Milde der Weg. Die Seelsorge erfordert Geduld und Milde. Selbst angesichts des nahe bevorstehenden Todes zeigt Sokrates sich freundlich. Besonders aufschlussreich ist, was am Ende des *Phaidon* geschildert wird:

> »Oftmals habe ich Sokrates bewundert, niemals aber habe ich ihn mehr verehrt als damals. […] am meisten jedoch bewunderte ich ihn zunächst dafür, wie freundlich und gütig und beifällig er die Reden der jungen Leute aufnahm, […].«[78]

Trotz des Ernstes der Situation hat Sokrates Geduld mit seinen jungen Gesprächspartnern – die ihrerseits nicht immer vorsichtig und aufmerksam genug sind – und antwortet ihnen freundlich.

Ist die Bedeutung dieser Haltung in der griechischen Welt einmal herausgestellt, sollte nun die Revolution betrachtet werden, die sich im Christentum vollzieht, indem die Milde als die Seinsform Gottes selbst erachtet wird. Das ist das christliche Evangelium: Gott offenbart sich nicht durch Macht, Kraft oder Herrlichkeit, sondern durch die Menschlichkeit Jesus Christus'; durch die Bescheidenheit, die Verletzlichkeit und die mitfühlende Liebe Jesus Christus'. Die Milde und nicht die Kraft. Die *Kenosis*, die Menschwerdung als Verminderung; die Niedrigkeit und die Bescheidenheit göttlich gemacht. Das Göttlichste im *Menschlichsten* offenbart.

Während die griechische Milde hauptsächlich Freundlichkeit ist, passt sich die christliche Milde der Sanftmut und der Bescheidenheit an. In der griechischen Welt stand *Praos* weder mit Bescheidenheit noch mit Armut in Zusammenhang und noch weniger mit der sozialen Kategorie von Menschen bescheidener Verhältnisse. Im Christentum wohl. Dennoch blieb auch die griechische Bedeutung erhalten. Es ist zum Beispiel zu beobachten, wie sich Paulus an die Thessalonicher richtet:

> »Nie haben wir mit unseren Worten zu schmeicheln versucht, das wisst ihr, und nie haben wir aus versteckter Habgier gehandelt, dafür ist Gott Zeuge. Wir haben auch keine Ehre bei den Menschen gesucht, weder bei euch noch bei anderen, obwohl wir als Apostel Christi unser Ansehen hätten geltend machen können. Im Gegenteil, wir sind euch freundlich begegnet: wie eine Mutter für ihre Kinder sorgt«.[79]

In überraschender Analogie zu den sokratischen Texten stellt Paulus die Freundlichkeit und die Milde sowohl der Schmeichelei als auch der Gewalt gegenüber.

Das Christentum der ersten Jahrhunderte übernimmt die griechischen Werte in Bezug auf die Milde, nimmt diese allerdings als Grundlage, d. h. radikalisiert diese, indem es sie mit dem Wesen der Offenbarung verknüpft. Sowohl die Milde im Sinne der Freundlichkeit als auch die Milde im Sinne der Bescheidenheit besiegen letztendlich die Gewalt. Das Feuer kann kein Feuer löschen, wohl aber das Wasser kann es. Die Wut intensiviert die Wut; die Sanftmut hingegen beruhigt sie. Die Sanftmut ist eine Art Mut, eine Beherztheit ohne Härte und ohne Gewalt. Die Milde, eine Sensibilität, die aus den Poren des Wortes und der Geste treibt, hat eine friedenstiftende Kraft. Die Milde erzeugt Frieden, ist Poet des Friedens.

Um diesen Exkurs noch weiter auszuführen, erweist sich Johannes Klimakos' Bemerkung über die Sanftmut als besonders hilfreich. Der Mönch und spirituelle Lehrer lebte im 6. Jahrhundert am

Berg des Sinai und aus seiner Erfahrung heraus schrieb er ein Werk über das klösterliche Leben, *Die Leiter zum Paradiese*[80] genannt. Tatsächlich kennt man den Autor unter dem Namen Johannes Klimakos, da *Klimax* im Griechischen »Treppe«, »Leiter« bedeutet: »Johannes von der Leiter«. Nun, in Bezug auf die Sanftmut sagt er, dass sie Vorbotin der Bescheidenheit und Bollwerk der Geduld sei. Es hat dabei positiv meine Aufmerksamkeit erregt, dass einer der im Abschnitt der Sanftmut behandelten Aspekte gerade der der Offenherzigkeit ist: »freudige Verfassung einer Seele ohne Künstelei«. Offenherzigkeit gegen Heuchelei, »Abgrund der Doppelzüngigkeit«. Klimakos bestätigt, was ich zuvor vermutet habe, und zwar, dass es eine besondere Verbindung zwischen Offenherzigkeit und Sanftmut gibt.

Die Wahrheit – die Wahrhaftigkeit, der Versuch, wahr zu sprechen – muss freundlich sein. Der bittere Eifer bringt nur Schaden. Anstelle harter Vorwürfe erkennt das *sanfte* Wort die Tatsache und reicht zugleich die Hand, sieht nach vorn. Wer nur zurechtweist, auch wenn er scheinbar die Wahrheit sagt, ist noch nicht reif genug. Die Aggressivität ist Unreife und Schwäche. So wie auch Spinoza sagte: »Wer [...] aus Vernunft bestrebt ist, die andern zu leiten, der handelt nicht ungestüm, sondern menschenfreundlich und milde ...«[81]

DIE VOLLKOMMENE UNMENSCHLICHKEIT DER KÄLTE

Die beste mir bekannte Definition der Kultur habe ich einer literarischen Erzählung entnommen. Es handelt sich um *Die unsichtbaren Städte* von Italo Calvino. Marco Polo richtet sich darin an den großen Khan, den Kaiser der Tataren, um ihm in einer Reihe von Berichten die Städte zu beschreiben, die er auf seinen Expeditionen durch das Kaiserreich kennengelernt hat. Und diese ist die letzte Überlegung des Abenteurers:

> »Die Hölle der Lebenden ist nicht etwas, was sein wird; gibt es eine, so ist es die, die schon da ist, die Hölle, in der wir tagtäglich wohnen, die wir durch unser Zusammensein bilden. Zwei Arten gibt

es, nicht darunter zu leiden. Die eine fällt vielen recht leicht: die Hölle akzeptieren und so sehr Teil davon werden, daß man sie nicht mehr erkennt. Die andere ist gewagt und erfordert dauernde Vorsicht und Aufmerksamkeit: suchen und zu erkennen wissen, wer und was inmitten der Hölle nicht Hölle ist, und ihm Bestand und Raum geben.«[82]

Das ist es, das ist Kultur und Erziehung: das Gute fortwähren zu lassen und ihm Raum zu geben, das heißt, es wachsen zu lassen. Und gleichzeitig die Hölle zurückweichen zu lassen oder, was dasselbe ist, den Moment der Unmenschlichkeit zu verzögern. Aber was ist das Gute und was ist die höllische Bedrohung?

Sowohl wenn man es von der Annäherung an das Wesen des menschlichen Lebens als Faltung des Fühlens aus betrachtet als auch von der Aufmerksamkeit aus, die wir der sanften Seite der poietischen Beugung geschenkt haben, zeigt sich der *Verfall* des richtigen Weges und des guten Handelns hauptsächlich als *Insensibilität*. Darin liegt das, was von allem am meisten beunruhigt, sowie die ergiebigste Quelle des Bösen. Die Insensibilität ist eine Trägheit, die sich um nichts beugt und keinerlei Mitleid für niemanden empfindet.

Die vollkommene Unmenschlichkeit liegt weder in der Irrationalität noch im mangelnden Bewusstsein, noch im Wahnsinn. Die vollkommene Unmenschlichkeit liegt in der Kälte, in der Insensibilität.

Das Herz ist die Beugung der Herzlichkeit, der Sanftmut, der Zartheit. Und da es das Gleiche bedeutet, ein hartes Herz zu haben wie keines zu haben, ist die vollkommene Unmenschlichkeit das Fehlen an Herz. Deshalb offenbart sich der höchste Grad an Menschlichkeit in gutherzigen Menschen. Leider gibt es auch Menschen, die sich auf den Sockel der vollkommenen Unmenschlichkeit erheben. Entweder, weil sich in ihnen weder die Faltung noch die unendliche Verletzung wirklich aufgetan haben oder weil bestimmte soziale Umstände ihr Herz verhärtet oder einfrieren gelassen haben.[83] Die Unmenschlichkeit ist fast genauso alt wie die Menschlichkeit, denn es ist ihr unmittelbarer Verfall.

Hier kommt uns noch einmal die Weisheit Johannes Klimakos' zu Hilfe. Der Novizenlehrer widmet die Kapitel seines Buches den klassischen Themen: Entsagung, Gehorsamkeit, Hochmut, Bescheidenheit usw., es gibt jedoch eins, das gerade den Titel trägt: »Von der Gefühllosigkeit des Geistes, oder der Härte und dem Tod der Seele vor dem Tod des Leibes«.[84] Nachdem er darin die Gefühllosigkeit als das Absterben eines jeden Gefühls, sowohl des Körpers als auch der Seele, beschrieben hat, formuliert er so treffende Gedanken wie diese: »Der gefühllose Mönch ist jener thörichte Philosoph, der sich selbst verbannt«. Es muss darauf hingewiesen werden, dass *töricht* hier *in sich selbst verschlossen, ignorant* bedeutet, aber auch *unfähig, anderen etwas Gutes zu tun.* Nun möchte ich aus diesen Reflexionen Klimakos' vor allem eines herausheben, und zwar sein spontanes Geständnis, dass er es nicht vermag, diese Menschen zu heilen: »ich schäme mich nicht, freimüthig zu gestehen, daß meine Kräfte viel zu schwach sind, und nicht hinreichen für ein solches Geschäft«.[85] Dass jemand wie er, ein Meister der Geduld, die Gefühllosen, die im Herzen verhärtet sind, als verloren ansieht, bedeutet auf gewisse Weise, dass er es hier mit dem Schlimmsten zu tun hat; dass hier das Menschliche hinter einer kalten Rüstung aus grellem Metall verschwindet.

Es verstreichen mehrere Jahrhunderte und man kann diese scharfsinnige Diagnose ohne Änderung wiederholen. In einem Text mit dem ausdrucksstarken Titel »Erziehung nach Auschwitz« bekräftigt Adorno, dass der Hauptzweck der Erziehung kein anderer sein sollte als der, die Unempfindsamkeit zu bekämpfen. Ganz zu Recht verwendet er gleichwertig Kälte, Unempfindsamkeit und Gleichgültigkeit und bemerkt, dass sich ein Kontext, der die Existenz von »besonders kalten« Menschen fördert, als besonders beunruhigend erweist. Er nutzt außerdem die Gelegenheit, um darauf aufmerksam zu machen, dass das Christentum genau in diesem Punkt gescheitert ist:

> »Es war einer der großen, mit dem Dogma nicht unmittelbar identischen Impulse des Christentums, die alles durchdringende Kälte zu tilgen. Aber dieser Versuch scheiterte; wohl darum, weil er nicht an die gesellschaftliche Ordnung rührte, welche die Kälte produziert und reproduziert.«[86]

Indem man also die Staffel dieser großen und unausweichlichen Verantwortung annimmt, sollte das Hauptziel der Erziehung – und ganz im Allgemeinen der Kultur – der Kampf gegen die Kälte sein. Nur auf diese Weise würde man sich dafür einsetzen, dass kein Ausschwitz und nichts, was dem auch nur annähernd gleicht, sich jemals wiederholt würde.

Ich bewerte jede Art Handlung, die sich aus der Kälte heraus entfaltet, als *Antipoiesis* und ihre Autoren als *Selbstausgeschlossene*. *Antipoiesis*, weil sie zerstörend wirkt und extremen Verfall hervorruft. *Antipoiesis*, weil sie das Gegenteil der Art und Weise der *Poiesis* darstellt: Sie beugt sich weder liebevoll über die Schwere des Lebens noch verbindet sie irgendetwas, sie zerteilt und unterbricht vielmehr alles. Während die Sanftheit feilt, bis dass alles, was kantig war, rund und gebogen ist, verschärft die Kälte der *Antipoiesis* nur das Harte und die Herbheit.

Selbstausgeschlossene, denn obwohl man die sozialen Bedingungen, die zur Verbreitung eines kalten Persönlichkeitstyps führen können, eingehend untersuchen muss, sollte man die Überzeugung nicht aufgeben, dass jeder Einzelne jemand ist; jemand, der fähig ist, die Geste zu beugen, weich werden zu lassen, anstatt sich einer Beschimpfung oder einer Waffe zu bedienen. Die Selbstausgeschlossenen sind dies in Bezug auf die Gemeinschaft, die sich versammelt und die sich durch die Schwerkraft des Lebens beugen lässt; der Gemeinschaft, die die Welt bewohnt, indem sie die Brüderlichkeit kultiviert. Die Liste der Selbstausgeschlossenen nimmt kein Ende: jene, die sich aus Hochmut über die anderen stellen und nach Herrschaft streben; jene, die sich selbst nicht zur Genüge schätzen können und dadurch Hass auf andere projizieren; jene, die zu ambitiös und deshalb nur demagogisch daherreden, während sie das Wesen des Wortes verloren – oder noch nicht erlebt – haben; oder jene, die vor der Unendlichkeit fliehen, die sie verletzt, und dadurch auch vor der ihr gebührenden Antwort.

Außerdem wären da noch die – in den Worten Klimakos' – »törichten Philosophen«, vermeintliche Intellektuelle, die nicht verstanden haben, dass Bildung niemals zur Selbstüberhebung, sondern gerade zu einer *zweiten Minderheit* (*segona minoritat*) führt, die anders als die erste ist; dass die (aufgeklärte) Mündigkeit (*majoria d'edat*) nicht als Überlegenheit ausgelegt werden darf, sondern als *neue Minderheit*, die nichts mit der erzwungenen Unwissenheit der Armen und Unterworfenen zu tun hat wie die erste, sondern eher mit der weisen Unwissenheit und mit der Annahme der Verantwortung.

Kein törichter Philosoph zu sein ist eine Eroberung und setzt Mühe und Sorgfalt mit sich selbst voraus. Das kann man nicht besitzen, nur erreichen, und zwar immer nur vorläufig und auf prekäre Weise. Kein törichter Philosoph zu sein setzt auch das stete Bemühen voraus, sich weder abzuschotten noch in sich zurückzuziehen; zu wissen, dass die Rückkehr zu sich selbst eine unaufhörliche Rückkehr zu den Anderen ist. Kein törichter Philosoph zu sein bedeutet zu wissen, dass die wesentlichste *Sorge*, die wesentlichste *Therapie*, ein *Dienst* ist.

Vielleicht ist die beste Lehre, die ein Philosoph aus der franziskanischen Bewegung ziehen kann, die, über jede Art von Stolz hinaus ein *minderer Philosoph* mitten unter den *minderen Brüdern* zu sein.

IX UNTER DEM BLAUEN HIMMEL, AUF DER FLACHEN ERDE

Es gibt kein Haus ohne Fenster. Zum *Lüften*, um Wind oder eine Brise hineinzulassen, um die Luft, die wir atmen, zu erneuern. Der letzte Atemzug ist die letzte Gegenwart – der letzte Nährstoff – des Lebens. Aber durch das Fenster kommt nicht nur der Wind herein, sondern auch der Himmel: die Luft des Himmels und der Himmel selbst. Man braucht also das Fenster, um ein Stück von diesem Himmel zu haben, der uns so sehr besänftigt.

Welch ein Glück, den blauen Himmel zu haben, der die flache Erde bedeckt! Paradigmatische Nahtstelle und monumentale Lehre davon, was es heißt, zu unterscheiden, ohne zu trennen. Hier, unter dem blauen Himmel und auf der flachen Erde, beauftragt man uns mit der Schöpfung.

Wenn wir durch das Fenster den Himmel sehen, erreicht uns auf gewisse Weise schon sein Bedeutungsmehrwert, als ob wir aus dem, was wir betrachten, unvordenkliche Echos vernehmen und wiedergewinnen. Der blaue Himmel, den wir betrachten – und der uns betrachtet –, ist schon Symbol. Und das Symbol ist keine Abkürzung, vielmehr ein Rundweg, der uns auf ganz besondere Weise etwas zur Orientierung mitgibt. Der blaue Himmel ist ein großartiges Beispiel dafür, wie die Vorstellungskraft die Erfahrung in Symbol verwandelt hat. Und deshalb auch dafür, wie sich uns erneut die Gelegenheit bietet, um von dem ausgehend zu denken und es erneut zu überdenken, was es in ihm schon an Gedachtem gibt.

Der Himmel ist ganz offensichtlich nicht nur ein einziges Symbol. In dynamischen Bildern und mit unterschiedlichen Assoziationen verbunden zeigen sich uns überaus relevante *Aspekte* des Himmels, die folglich auch Unterschiedliches symbolisieren. So sind die folgenden beispielsweise ganz unterschiedliche Situationen: die Sonne am Himmel (bei Tag); der sternenbedeckte Himmel (bei Nacht) und der blaue Himmel (bei Tag und ohne Sonne, vor allem bei Tagesanbruch).

Die Sonne am Himmel ist im Grunde der *Tag* und das Bewegungsbild dazu ist das einer Sonne, die sich so langsam bewegt, dass es kaum zu bemerken ist. Diese Bewegung ist die Zeit, jedoch nicht gleich die verschlingende Zeit und auch nicht die tragische, unumkehrbare Zeit, sondern die Zeit der Wiederholung und der tagtäglichen Orientierung.

Der sternenbedeckte Himmel entspricht der Idee der *Kosmizität*. Tausende leuchtende Punkte, die sich einstimmig bewegen, als ob sie alle in ein und dieselbe Sphäre eingelassen wären.

Und *der blaue Himmel*? Die beiden gerade so resümiert erwähnten Symbole sind tatsächlich unerschöpflich. So wie auch der blaue Himmel. Es ist aber dieser letzte, bei dem wir nun kurz verweilen sollten, um vor allem zwei existierenden Symbolisierungssequenzen Aufmerksamkeit zu schenken sowie dem Grund, aus dem ich die zweite als die erachte, für die man sich entscheiden sollte. Die erste: Unbeweglichkeit, Ewigkeit, Idealismus, Flucht, Fall. Die zweite: Schutz, flexible Zusammenfügung Himmel-Erde, Morgendämmerung, Geheimnis. Es gibt natürlich mögliche Schnittpunkte und in keiner der beiden Reihen ist es zwingend, alle Schritte zu durchlaufen.

DER BLAUE HIMMEL ALS EWIGKEIT UND HÖHE

In verschiedenen religiösen Traditionen hat man den blauen Himmel mit der Ewigkeit in Verbindung gebracht. Warum? Der Grund ist relativ einfach. Die vollständige Einheitlichkeit des blauen Himmels ruft Ideen wie Immaterialität, Schwerelosigkeit, Leichtigkeit … hervor sowie Unbeweglichkeit, Unveränderlichkeit. Mit den zuerst genannten Aspekten assoziiert man das Leben des Geistes, die Kontemplation, und mit den zuletzt genannten *das Anders-als-die-Zeit*. Wenn die Zeit Bewegung ist, dann ist der blaue Himmel, der vollkommen und restlos blaue Himmel, an dem sich nichts bewegt, Ewigkeit. Und was ist mit Ewigkeit gemeint? Nun, *jenes Anders-als-die-Zeit*, und folglich das Ausbleiben von Verfall, Altern, Tod. Daher rührt die religiöse Symbolik.

Anders gesagt: Die Tatsache, dass die Einheitlichkeit und die Ruhe des blauen Himmels uns beruhigt, ist nicht verwunderlich.

Seine minimale Phänomenologie gleicht einer Art visuellem Nirwana und ermöglicht eine gelassene Träumerei. In ihrer Unermesslichkeit scheint die Gelassenheit des blauen Himmels uns dazu aufzufordern, die Unruhe und die Vergänglichkeit der Erde hinter uns zu lassen. Das durch und durch blaue Blau ist ein Meer der Versenkung und der Gelassenheit, was dazu geführt hat, Trennungen zu betonen: körperlich-geistlich, temporär-ewig, irdisch-himmlisch, weltlich-göttlich ... Es ist schnell ersichtlich, dass die Kraft dieser symbolischen Auslegung mächtig war und es noch immer ist. Man findet sie überall und sie geht über spezifisch religiöse Inhalte hinaus. Ich gebe hierzu nur ein Beispiel, eines, das ein wenig sonderbar ist. Es gibt ein berühmtes Gemälde von Dalí, das landläufig als das Bild der weichen Uhren bekannt ist. Es befindet sich im Museum of Modern Art in New York und trägt in Wirklichkeit den Titel *Die Beständigkeit der Erinnerung*. Es war gerade fertiggestellt, als Gala es vor sich sah und sagte: »Niemand wird es vergessen können, nachdem er es gesehen hat.« Und das stimmt. Nun lohnt es sich, glaube ich, zu beobachten, dass der Hintergrund der weichen Uhren blau ist, das Blau des Himmels wiederspiegelnd. Dass dem so ist, passt zu der Tatsache, dass sie stehen geblieben sind. Obwohl das Werk das Gefühl der Ruhe und selbst der Unbeweglichkeit hervorruft, sind da zwei Elemente, die dazu eine Ausnahme darstellen. Einerseits das gelbliche Licht, das vom Sonnenuntergang – der Bewegung des Tages – herrührt, und andererseits, viel auffälliger, die Bewegung einiger Ameisen auf einer festen, geschlossenen Uhr, was dem Bild eines Gewimmels, eines chaotischen und, wörtlich genommen, beunruhigenden Gedränges entspricht und so im Kontrast steht zum blauen Himmel und zur Ruhe der weichen, schon stehengebliebenen Uhren. Weich, das bedeutet, dass sie uns schon keinen Schaden mehr anrichten können. Es sind Uhren, die unterschiedliche Zeiten um die sechs Uhr herum anzeigen. In diesen zeitlichen Abweichungen möchten manche die Relativität der Zeit erkennen, ich bevorzuge es, mir vorzustellen, dass die Uhren *nach und nach stehengeblieben sind.*

Es ist kein Zufall, dass das Werk Dalis eine Art Traum ausdrückt. Es ist der Traum vom blauen Himmel. Aber ein Traum, der wie alle Träume an einem ganz konkreten Ort aufkommt. Der Flug dieses Traumes geht vom Strand in Portlligat, bei Cadaqués, aus.

Man malt und träumt von einem Ort aus; dank der Schwerkraft eines Ortes kann man zum blauen Himmel aufsteigen. Leichtigkeit und Schwerkraft. In die gleiche Richtung könnte man bemerken, worauf auch Dalí selbst später hinweisen würde, »dass man die Zeit nicht begreifen kann, nur den Raum«. Wie oben schon gesagt ist die Erinnerung der Widerstand gegen die vernichtende Zeit. Erinnerung und Phantasie sind Formen der gleichen Bewegung: des Widerstandes und der Linderung gegenüber dem, was alles mitreißt. Alzheimer ist nur ein Beweis dafür, auch auf symbolischer Ebene, wie der Kampf schließlich verloren wird. Aber vom Bild Dalís halten wir im Augenblick nur eines fest: dass die weichen, stehengebliebenen Uhren vor blauem Grund ein ausgezeichnetes Symbol für den Traum und für *das Anders-als-die-Zeit* sind.

Mitten am blauen Himmel scheint es, als ob die Zeit eingeschlafen wäre, und dadurch bringt sie uns zur Ewigkeit. Bachelard beharrt zudem auf die Durchsichtigkeit des Himmels.[87] Das ist der einzige Punkt, in dem ich mit dem Meister der Bilder nicht übereinstimme; anstelle der Durchsichtigkeit würde ich eher die Tiefe des blauen Himmels als das bezeichnen, was uns die Erfahrung gibt, etwas, was auch Bachelard keineswegs unbeachtet lässt.

Und tatsächlich ist die Tiefe die Höhe; die Tiefe nach oben gerichtet ist die Höhe. Der blaue Himmel ist nach Unermesslichkeit und Unbeweglichkeit auch Höhe. Deshalb sind die Götter der polytheistischen Religionen gewöhnlich Bewohner des Himmels und der Höhen und in monotheistischen Religionen ist Gott der Höchste. Am höchsten, göttlich und himmlisch werden zu Entsprechungen.

DER BLAUE HIMMEL ALS FLUCHT UND SCHLIESSLICH ALS FALL

Wenn der Bedeutungsmehrwert, der zum *Anders-als-die-Zeit* führt, besonders reichhaltig ist, dann ist es auch der, der den Himmel als eine *Flucht* aus der Welt auslegt. Von Kelsos (2. Jahrhundert) bis Nietzsche und Marx ist die Literatur zu diesem Punkt unerschöpflich. Die dem Christentum gegebene Breitseite richtet sich größtenteils auf dessen vermeintliche Flucht in einen irrealen

Himmel, der wie Opium für das Volk und wie eine Missachtung der Welt wirke. Da Christentum und Platonismus in diesem Punkt machtvolle Komplizen geworden seien, richtet sich Nietzsches Kritik gegen beide. Die platonische Idealität und die christliche Ewigkeit gingen so Seite an Seite bei ihrem Vorhaben, eine gräuliche Verachtung der Erde und des Lebens hervorzurufen. So erhält die *fuga mundi*, der bei den Wüstenvätern als Verzicht auf die soziale Logik des Besitzes und der Konflikte noch ein wertvoller Sinn zukam, bei den Gegnern eine ganz andere Bedeutung und verwandelt sich in ein Synonym zur feigen Flucht. Am Rande möchte ich hierzu betonen, dass die Absicht der Wüstenväter zum einen zwar die war, sich von der Welt abzukehren, zum anderen aber auch die, sich ihr noch stärker, jedoch auf andere Weise, zu verpflichten. Das heißt, die authentischste *fuga mundi* ist paradox; keineswegs Flucht, sondern Annahme noch größerer Verpflichtung.

Wie dem auch sei, die Kritik war scharf und beharrlich. Um nicht die Formeln Nietzsches, Feuerbachs oder Marx' zu wiederholen – die sind zur Genüge bekannt –, verweise ich auf deren zeitgenössischste und sehr originelle Aktualisierung durch den Denker Georges Bataille, dessen großartiges Werk *Die innere Erfahrung* ein Kapitel enthält, das genau den Titel »Das Blau des Himmels« trägt. Laut Bataille ist der Himmel eine *Leere*, in die man hineinstürzen kann: So »gelangt das menschliche Wesen, das auf der Welt vergessen ist [...], plötzlich zu dem zerreißenden Sturz in die Leere des Himmels«.[88] Das Bild drückt eine schauerliche Erfahrung aus: Jeglicher freie Fall ist schauerlich, der in die Leere des Himmels jedoch besonders; sich hinziehendes Ringen mit dem Tod. Laut Batailles Erzählung stellt der Mensch, der von der Erde her kommt, aufgerichtet und stolz, diese bald in Abrede. Sobald er sie jedoch verleugnet hat, erschrocken, denn er ahnt schon die Leere des Himmels voraus, gibt er vor, diesen loben zu müssen: Er vergöttlicht vorläufig den Himmel. Doch der Selbstbetrug währt nicht lange fort – nun gut, ein paar Jahrhunderte lang – und schließlich fällt er, sowohl der Betrug als auch der Betrogene.

Bataille definiert das Leben als Vertikalität – und darin stimmen wir überein: Ich habe selbst von kleinen, flexiblen und verletzlichen Vertikalen auf der Horizontalität der Erde gesprochen –, als eine Vertikalität jedoch, die die Erde herausfordert. Bataille glaubt, dass die mythologische Symbolik die Wahrheit geschickt verbirgt. Ihm zufolge ist es in Wirklichkeit die Leere des Himmels, in die die Erde hineinstürzt, obwohl wir dazu tendieren, uns die Geschichte andersherum zu erzählen: die Erde als Sturz aus dem (schönen und moralischen) Himmel. Anstatt die Erde zu feiern, haben wir sie verleugnet und Sinn, d.h. Trost, im Himmel gesucht. In einem späteren Stadium, sobald wir uns dieses Selbstbetrugs bewusst geworden waren, kehrten wir diese Verachtung jedoch gen Himmel und richteten sie gegen die göttliche Unterdrückung, an der wir nun kräftig scheuern, um den Himmel wieder schön leer zu haben.

ZWISCHENSPIEL: SICH RICHTIG SITUIEREN

Als Augenblick der Auflockerung möchte ich zwischendurch auf eine Ironie verweisen, die sich dem, was wir gerade gesehen haben, gut hinzufügen ließe; eine Ironie, die aus einem vermeintlichen Realismus herrührt, der de facto und paradoxerweise besonders desorientierend wirkt. Von einem der Brüder Leonardi de Argensola – Zeitgenossen Lope de Vegas – stammt das Gedicht »Für eine Frau, die sich rasierte und schön war«, zu dem die folgenden gewählten Verse gehören:

> Denn dieser blaue Himmel, den wir alle sehen,
> ist weder blau noch Himmel. Welch ein Jammer,
> dass so viel Schönheit nicht wahrhaftig ist![89]

Eine scharfe Satire über die weibliche Schönheit und über die Schönheit überhaupt; die Verse haben kaum an Aktualität verloren, denn es gibt bestimmt viele, die glauben, dass der Himmel *in Wirklichkeit* weder blau noch so ist, wie wir ihn sehen. Engstirniger Realismus. Verleugnen wir letztendlich die Wahrhaftigkeit all dessen, was wir erleben? Glaubt irgendjemand von sich selbst, der striktesten wissenschaftlichen Erkenntnis folgend, er sei im Ganzen eine Art gigantische Leere? Welcher Boxer, der gerade einen heftigen Schlag einsteckt, könnte glauben, dass die Faust seines Rivalen ihn in Wirklichkeit nicht berührt habe? Dieser rigorose wissenschaftliche Realismus erweist sich als überzogen, sobald man ihn aus seinem Kontext holt. Ruinöser Realismus, der bewirkt, dass man den Sinn für die Realität verliert!

Darum ist es so wichtig, *sich richtig zu situieren*, um die Halluzination, die Ungeheuerlichkeit und die Angst zu vermeiden und um nicht den Sinn für die Dinge zu verlieren. Es ist wichtig, die Füße auf dem Boden zu behalten, ja, aber nicht nur das. Sich situieren zu können heißt, Nähe und Distanz halten zu können; sich zu bemühen, die Ebenen nicht zu vermischen oder zu verwechseln; Referenzpunkte zu haben ... Sich richtig situieren, wahrhaftig denken, wahrhaftig beobachten ... Mit den einfachsten und alltäglichsten Dingen gut in Beziehung zu treten, ist schon ein wertvoller Lernvorgang; mit den Anderen gut in Beziehung zu treten, ist das entscheidende Lernen.

Um sich richtig zu situieren, muss man mit den Füßen auf dem Boden stehen und gleichzeitig den Blick in Richtung Himmel heben. Nur in dieser Verbindung steckt der wahrhafte Realismus.

DER BLAUE HIMMEL ALS SCHÜTZENDES GEWÖLBE

Ich komme nun zur zweiten Symbolisierungssequenz des blauen Himmels, die ich als grundlegender und fruchtbarer betrachte.

Die Architektur des Himmels ist ganz einfach: ein Gewölbe, eine Kuppel; die himmlische Kuppel oder das himmlische Gewölbe. Der blaue Himmel wölbt sich über die Erde. Noch ursprünglicher als die Krümmung der Raumzeit ist die Wölbung des blauen Himmels über die flache Erde. Alles Menschliche braucht Deckung. Und der Himmel ist wie das blaue Laken, das die Erde bedeckt, wie das Tuch, das die Erde zu einem Zelt inmitten des Universums werden lässt. Dieses Bild erscheint schon in den biblischen Texten: »Wie einen Schleier spannt er den Himmel aus, | er breitet ihn aus wie ein Zelt zum Wohnen.«[90]

Schützendes Dach der Welt. Die existenzielle Situation der Ausgesetztheit gegenüber den Witterungsunbilden ist so intensiv, dass wir mehr als eine Deckung brauchen, selbst mehr als zwei. Die Wärme der Großmutter ist für Anna schon eine Deckung; und das Ziegeldach ist eine weitere; und der blaue Himmel noch eine. Wenn wir also behaupten, dass die Welt unser Haus ist, dann weil der Himmel, der das Dach darstellt, darin schon mitinbegriffen ist.

Jemand hat einmal die Frage gestellt, welche als die schlimmste Epoche der ganzen Menschheitsgeschichte gelten könnte. Es ist bekannt, dass derartige, ein wenig absurde Rankings und Wettbewerbe zurzeit sehr beliebt sind. Nun machen wir sie uns allerdings zunutze. Eine der gegebenen Antworten auf die erwähnte Frage besagt, dass die schlimmste Epoche der Menschheitsgeschichte gerade mit der *Verdunkelung des Himmels* in Zusammenhang stehe. Um das Jahr 535 unseres Zeitalters bedeckte ein seltsamer Nebel die halbe Erdkugel. Mehrere Monate lang verschwand der blaue Himmel und tagsüber konnte man nur mit Mühe hinter diesem dunklen Nebel die Silhouette einer Sonne ausmachen, die nicht mehr zu wärmen vermochte. Ein zeitgenössischer Historiker, bekannt unter dem Namen Prokopios von Caesarea, berichtet über das Ereignis und erzählt, dass die darauffolgenden Jahre von Kriegen, aufgrund ausbleibender Ernten auftretender Hungersnot und Epidemien – mit viel gravierenderen Auswirkungen als jene, die wir nun miterleben sollten – geprägt waren. Vor kurzem haben geologische Untersuchungen ergeben, dass dieser dunkle Nebel die Folge heftiger Vulkanausbrüche war, die in Island aufgetreten waren. Sicher ist, dass die Verdunkelung des Himmels den Tod verbreitete. Dadurch, dass der blaue Himmel verloren ging, das schützende Gewölbe des blauen Himmels, verschlimmerten sich die Unbilden des Klimas; Kälte und Dunkelheit verwandelten die Welt in eine Hölle. Wenn der Regenbogen das Fest des Himmels darstellt, hätte ein schwarzer Regenbogen in diesem Moment das Zeichen sein können, das das Hinscheiden der Erde verkündete. Die Hölle ist die definitive Abwesenheit des blauen Himmels.

Wir brauchen die Wölbung und die Deckung des Himmels: Horizont und Sauerstoff für die Seele. Deshalb ist jedes Fenster im Grunde genommen ein Fenster zum Himmel, um Himmel zu haben. Ein Ausschnitt des blauen Himmels durch das Glas eines Fensters hindurch ist unbezahlbar.

In fast allen alten Kosmogonien ist die ursprüngliche Unterscheidung die zwischen Himmel und Erde. Nun ist aber das Offensichtliche, was man nicht vergessen darf: Nur vom Unterschied aus ist das *flexible Zusammenfügen* möglich. Der Himmel ist für die Erde Himmel und die Erde ist für den Himmel Erde. Ohne Himmel gibt es keine Erde und ohne Erde gibt es keinen Himmel. Das ist Teil der allgemeineren These über die menschliche Situation: Das Da definiert das Hier. Das Da des Du definiert das Hier des Ichs. Das Da des Himmels definiert das Hier der Erde. Der Himmel fragt nach der Erde. Cézanne machte eine Beobachtung, die diese These in gewisser Weise bestärkt, und sie geht so: »Das Blau gibt den anderen Farben ihre Schwingungen«.[91] Das Blau des Himmels lässt die Farben der Erde erschwingen. Der Himmel ist wie das Diaphragma der Atmung der Welt – auch das Diaphragma hat die Form einer Kuppel. Dank des Himmels atmet die Welt.

Das Haus findet in der Zusammenfügung von Himmel und Erde statt und dafür ist das Fenster der offenkundigste Beweis. Das Fenster (*finestra*; *fenestra* in Altkatalanisch) ist der Spalt (*fenedura*) des Hauses: die Luke, durch die das Haus im Himmel Wurzeln schlägt. Das Fenster dient als Band, als Gelenk, als Verknüpfungsstelle. Es bringt der Erde den Himmel näher und dem Himmel die Erde, durch eine Bewegung in doppelte Richtung. Der Himmel – oder das Licht des Himmels – tritt durch das Fenster herein und der Blick erhebt sich durch das Fenster zum Himmel. Offenheit: dank dessen, was hereinkommt, kann man hinaustreten.

Das Haus ist eines der emblematischen Elemente der Zusammenfügung. Die Naht ist so stark, dass sich jedes einzelne der Elemente vom anderen nährt, ohne sie zu verwirren. Die Erde hat das Licht des Himmels angenommen und der Himmel einen leichten und feuchten Duft nach Erde. Nicht nur in den Blättern hat sich das Licht kondensiert, sondern auch im Stamm des Baumes, in den Felsen des Berges, im kristallklaren Wasser des Flusses, in den Augen Annas. Aber so wie das Licht herunterfällt und die Erde durchtränkt, so steigt auch die Feuchtigkeit empor und durchnässt den Himmel. Deshalb kommen die Schwalben, wie der Poet Màrius Torres sagt, *vom Blau durchtränkt*. Und auch hier die Nahtstelle: Die Nester der Schwalben sind aus Erde und Himmel gemacht, genau wie die Häuser, an denen sie sorgsam befestigt sind.

Wenn die Rolle, die dem Himmel sowohl vom platonisch-christlichen Klischee als auch von Nietzsches Kritik zugesprochen wird, auf der Trennung von Himmel und Erde beruht, dann ist die erfinderische Alternative, der ich mich hier anschließen möchte, die der flexiblen Zusammenfügung (*articulació*); ein Arbeiten nicht an der Trennung, sondern am engen (wesentlichen) Zusammenfügen des Himmels und der Erde. Genau wie in den antiken Kosmogonien sollte nun deren Fruchtbarkeit aufgezeigt werden.

Wenn die Symbolisierung in der Dynamik von Bildern und Gesten zustande kommt, auf der Grundlage welcher Bewegung würde dann die Bedeutung des blauen Himmels geschmiedet? Folgende großartige Intuition stammt von Paul Claudel: »Das Blau ist die sichtbar gewordene Dunkelheit.« Und um darin die Bewegung zu unterstreichen, wandelt Bachelard leicht ab: »Das Blau ist die sichtbar werdende Dunkelheit.«[92] Die Morgendämmerung. Der Übergang von der Dunkelheit ins Blau ist genau der Moment, in dem der Tag anbricht. Der blaue Himmel ist ein Verb: Es dämmert. Welche Einfachheit und wie wunderbar! Der blaue Himmel als eine Art ausgedehnte, anhaltende Morgendämmerung. Aber das ist noch nicht alles. Man sollte die Spur noch weiterverfolgen. Diese Bewegung, das Anbrechen des Tages, entspricht noch einer anderen Bewegung im Menschen, einer anderen, parallelen und noch radikaleren, d.h. grundlegenderen, sowie aufschlussreicheren Bewegung: *Aufwachen*. Und zweifellos gelangt man auf diese Weise wohl zum Wertvollsten: Die Bedeutung des blauen Himmels als Aufwachen.

Obgleich die Bewegung des Aufwachens vor allem das morgendliche Wachwerden nahelegt, weitet sie sich schon bald darauf spontan aus: Aufwachen meint, die Augen zu öffnen, dem Tag entgegen, dem Himmel, dem Licht, der Welt. Ich erwache in den Tag hinein und die Erde erwacht im Licht des Himmels. Aufwachen geschieht kontinuierlich, kontinuierlich ist auch die Offenheit der Erde zur Kuppel des Himmels hin. Zur Welt kommen heißt, vom Boden der Erde aus die Augen zum Himmel hin zu öffnen. Für uns ist Leben, zur Welt gekommen zu sein, das heißt, an den Himmel, der die Erdoberfläche bedeckt und erleuchtet. Erwachen, zur Welt kommen, an den Himmel kommen. So wie *das Leben schenken* synonym zu *geboren werden* gebraucht wird, könnte man auch sagen *den Himmel schenken.*[93] So ist es keineswegs ratsam, den Himmel und die Erde zu trennen; beide zusammen bilden den ursprünglichsten Horizont des menschlichen Lebens. Ohne diesen Horizont fehlt es an Atem, Kraft und Hoffnung. Der Himmel ist dank der Erde Himmel. Und die Erde ist dank des Himmels Erde, der sie zugleich bedeckt und enthüllt. Er *bedeckt* sie wie ein Laken und obwohl er sie bedeckt, enthüllt er sie mit seinem unermesslichen Licht.

Aufwachen ist also genau das: in den Tag kommen, zur Welt kommen, ans Licht kommen ... möge sich der Himmel aufspannen. Daraus ergibt sich auch der Zusammenhang zwischen Geburt und Fenster. Das Aufwachen ist Symbol des menschlichen Lebens. Darum haben es so viele Poeten besungen, wie zum Beispiel Marià Villangómez in diesen wunderschönen Versen aus dem Gedicht, das gerade den Titel *Despertar* (»Erwachen«) trägt. Es wird auch darin wiederum auf den Gesang, das Fenster und die Morgendämmerung Bezug genommen:

Un goig que oblidava es posa
a cantar-me, de matí.
Rere la finestra closa,
quina festa ve a florir?

Ja et conec, alegre albada
que em sotges el despertar.
No és la sola vegada
que m'estires de la mà.

(Ein vergessenes Vergnügen setzt an,
mir zuzusingen, früh am Morgen.
Hinter geschlossenem Fenster:
welch' Fest blüht da herüber?

Ich kenne dich schon, fröhliches Morgenlied,
dass du auf mein Erwachen lauerst.
Es ist nicht das erste Mal,
dass du mich an der Hand zerrst.)[94]

Das Aufwachen ist die Wiederholung des Geborenwerdens. Wir sind zur Welt gekommen und wir kommen jeden Tag erneut, in der Wiederholung, die das Leben selbst ist. Das Erwachen des menschlichen Lebens hat allerdings eine Eigenart: Es ist ein Erwachen ohne vorherigen Schlaf. Man kommt nirgendwoher.

So ist der Himmel die Offenbarung der Erde; das heißt, der blaue Himmel bringt uns dem Wunder des menschlichen Lebens als das Aufwachen näher. Und das ist es, wir haben auf diese Weise die Kritik Feuerbachs und Nietzsches am Christentum und am Platonismus nachgebildet und zugleich umgedreht. Wenn wir das Leben auf den Himmel übertragen, ist das nicht zur Flucht, sondern weil am Himmel die radikale, d. h. grundlegende Erfahrung wiederklingt: von nirgendwoher zur Welt kommen und in den Tag hinein erwachen.

Es könnte jemand widersprechen und daran erinnern, dass das Buch der Apokalypse gerade von einem neuen Himmel und einer neuen Erde spricht,[95] und *neu* dabei als Anzeichen der Flucht herausstellen. Dem wäre jedoch zu entgegnen: ja, aber eben gerade Himmel und Erde! Genau darüber muss die philosophische Reflexion innehalten. Jeder Tag ist ein neuer Tag und heute brauchen wir mehr Himmel als je zuvor. Himmel, das heißt, Schutz, Zelt, Orientierung und blauer Verband für die unendliche Verletzung. Kleine Kinder zeichnen gewöhnlich den blauen Himmel, wie er die Erde bedeckt. Damit liegen sie ganz richtig. Der Himmel ist die Wölbung, die als Haus dient und die den Tag schenkt. Ein altes Haus und ein alter Tag, oder ein neues Haus und ein neuer Tag, das ist ganz egal. Das Gewölbe des blauen Himmels ist Aufwachen … zu Hause.

X TAG FÜR TAG UND DIE EIN ODER ANDERE DUNKLE NACHT

Ist es auch für unsere seelische Gesundheit und für die Orientierung unseres Handelns besonders wichtig, uns in Bezug auf den Horizont Himmel-Erde zu situieren, so gilt das noch viel mehr in Bezug auf die Nahtstelle Tag-Nacht. Diese Nahtstelle ist auch eine der grundlegendsten Erfahrungen unserer Umgebung, die teilweise ganz unterschiedlich symbolisiert wurde. Aber im Gegensatz zu dem, wie im vorigen Kapitel vorgegangen wurde, werde ich hier nun keine dieser Symbolisierungen erörtern – die meisten unter ihnen sind sehr inspirierend und miteinander vereinbar –, vielmehr werde ich ganz einfach in eine bestimmte Richtung arbeiten: die des Spannungsgefüges aus *der diskreten Muskulatur des Tages* und *der ein oder anderen dunklen Nacht*.

Unter der *diskreten Muskulatur des Tages* verstehe ich die Wertigkeit des Alltags im Hinblick darauf, uns aufrecht zu halten und uns zu orientieren. Unter der *dunklen Nacht* verstehe ich vor allem das Vorbeistreifen des Todes. Ich wiederhole noch einmal, dass mit dieser Wahl nichts ausgeschlossen wird, denn Tag und Nacht können mit sehr unterschiedlichen Aspekten assoziiert werden. Tag ist beispielsweise Licht und Klarheit, Vermögen und Erkenntnis, Handeln und Evidenz, Planung und Progress, Sicherheit und Macht … Nacht ist beispielsweise Dunkelheit und Ruhe, Traum und Schlaflosigkeit, Leidenschaft und Erotik, Mystik und Abgrund, Zusammenführung und Tod … Obwohl es kaum durchführbar erscheint, alle Aspekte des Tages einerseits und der Nacht andererseits zu versammeln und zu vereinen, so könnte man dennoch einen gewissen Einklang entdecken, wenn dieser auch nur einen Teil erfasst. Darin besteht, wie ich glaube, auch das Geschick der bekannten Aussage Kants: »Die Nacht ist erhaben, der Tag ist schön.« Der Tag ist schön, denn er macht die Dinge sichtbar, lässt ihre Form und Farbe bewundern; macht die Nähe und die Ferne des Horizonts wahrnehmbar; bringt Gleichgewichte zum Vorschein, Konfigurationen … In gewisser Weise ist der Tag greifbar und so sagt Kant, dass er schön ist. Die Nacht dagegen ist formal unfassbar und deshalb erhaben. Dahin geht auch die Bedeutung von Nietzsches Lied, auf das ich seit Beginn mehrmals Bezug genommen habe: Nur die Nacht – heißt es darin – kennt die unergründliche Tiefe der Welt; nur die Tiefe der Nacht vermag es, die ebenso unergründliche Tiefe der Welt zu bemerken und sie bemerkbar zu machen.

DISKRETE MUSKULATUR DES TAGES

Während die Aussage Kants auf die kognitive Dimension zentriert ist – der Tag als Klarheit und Klärung –, möchte ich die Aufmerksamkeit auf die existenziellere Dimension lenken; in dieser stärkt uns der Tag und hilft uns, weiterzugehen, *Tag für Tag*. Darum ist der Begriff der Muskulatur so treffend, einer Muskulatur jedoch ohne Zurschaustellung und ganz anders als jene, an die uns heutzutage die im Fitnesscenter durchtrainierten Körper gewöhnt haben. Was zählt, ist eine normale und elementare Muskulatur, die da ist, ohne dass man sie sieht, und die uns dennoch aufrecht hält, physisch und seelisch.

Wenn die diskrete Muskulatur des Tages Alltäglichkeit ist, Orientierung, Mühe, gut gemachte Arbeit, zurückgelegter Weg (tagaus, tagein), dann können wir sowohl das Streben nach Macht in den Hintergrund stellen als auch den oberflächlichen Rationalismus, beide als Formen verstanden, den Tag nur aufzublasen. Der unbestimmte Fortschritt, die Vernunft des Tages – die alles erklärt und die über alles Reden hält –, die Unwissenheit der Nacht, der Egoismus, der seine Interessen auf alles überträgt … Summe der Verfallprozesse oder Luxus des Tages. Der Tag ist bescheidener, diskreter. Aus diesem Grund und weil es um die existenzielle und nicht nur die kognitive Ebene geht, scheint es mir, dass der Tag *uns guttut* und *gut für uns ist*, eher, als dass er schön ist. Mahlzeiten – wenn möglich gemeinsame –, einander grüßen, Beziehungen, die Arbeit – vor allem, wenn sie sinnvoll ist –, Entspannung, der Himmel … all das ist gut für uns und tut uns gut – es ist gesund. Es ist sogar gut für uns, wenn wir, wie Simone Weil in einer ihrer Aufzeichnungen schreibt, »*jeden Tag* zwei oder drei gleichgültige Dinge zu einer willkürlichen, aber festgelegten Zeit tun«.[96] Wichtig ist die Gewohnheit und die Wiederholung selbst von kleinen, scheinbar unbedeutsamen Dingen, die dennoch die Dynamik des Tages stärkt. Der Tagesablauf hat Sinn und er umfasst sowohl kleine Gewohnheiten als auch die große, wichtige Gewohnheit der Begegnung.

Der Tag ist eine Wölbung, keine Gerade, und in diese Wölbung fügen wir die täglichen Wiederholungen ein, die uns nähren und kräftigen. Das, was gut für uns ist, ist also, *uns in den Tag zu stellen*, oder besser noch, *uns dem Tag anzuschließen*. Uns dem Tag anzuschließen, heißt, aus der Wölbung des Tages eine gute Alltäglichkeit zu machen. Wozu steht das im Gegensatz? Nun, das wissen wir schon: zur ermüdenden Rhetorik des *Sich-auf-den-neusten-Stand-Bringens*. Die gute Beugung, die darin besteht, sich dem Tag anzuschließen, steht im Kontrast zur gradlinigen und beschleunigten Bewegung, sich auf den neusten Stand zu bringen oder auf dem neusten Stand zu bleiben. Während die Geste, sich dem Tag anzuschließen, heißt, sich den Tag zum Zuhause zu machen, entfremdet und schwächt uns der Versuch, auf dem neusten Stand zu bleiben, da er uns keine Zeit für die Gewohnheit und das Bewohnen lässt.

So besteht die Poietik des Tages darin, den Tag zu diskreter Muskulatur, Bekleidung und Gewohnheit zu machen. Und all das ist nicht die Kunst der Sesshaftigkeit. Denn Nomade ist nicht der, der kein Zuhause hat, sondern der, der den Weg bewohnt, indem er sich ein Zuhause erschafft (*fent casa*), oder der, der ein Zuhause erschafft, während er geht (*fent camí*).

DIE EIN ODER ANDERE DUNKLE NACHT

Jeder Tag hat seine Nacht und zum Glück ist die Nacht gewöhnlich erholsam. Die erholsame Nacht ist selbst poietisch: Sie *stellt* uns *wieder her*. Aber manche Nächte sind gar nicht erholsam. Es sind jene dunklen Nächte, in denen man die Verletzung des Todes intensiver spürt als sonst; des Todes der Anderen und des eigenen Todes. Während der Gang des Tages uns einer leichten Biegung folgen lässt, bringt uns die dunkle Nacht auf unbeständigem Grund zum Stehen. Zum Stillstand gebracht, aber unruhig, in unfreiwilliger Wacht. Wir finden keine Ruhe, während wir immerzu denken: Ich werde sterben, wie der, der schlafen geht. Da ist die Schlaflosigkeit. Aber zudem und vor allem fragen wir uns: Werde ich den Anderen helfen können? Wie kann ich die Anderen und mich selbst von dem Leid verschonen, die die Nachbarschaft des Todes mit sich bringt? Das ist die Angst, die mit der dunklen Nacht in Verbindung gebracht wird. Während am Tag das Handeln überwiegt, ist es in der dunklen Nacht der unruhige Stillstand. Verletztes und ausgeliefertes Subjekt.

SPANNUNG UND NAHT

Die diskrete Muskulatur des Tages und die Dunkelheit mancher Nacht sind nicht die Teile einer Dialektik: Es kommt weder zu Ergänzung noch zu Aufhebung. Es besteht Spannung, aber auch eine gewisse flexible Zusammenfügung (*articulació*), was schon ein vorläufiges Ergebnis unserer *Poiesis* ist.

Die dunkle Nacht, zusammen mit der Erfahrung des Abgrunds, des Nichts, des Endes und des Todes, hilft uns, *den Tag abzuspecken*, die Planung und die Ideologien des Fortschritts zu relativieren; sie hilft uns dabei, den Tag die Muskulatur des Tages sein zu lassen, ohne ihn darüber hinaus aufzublasen. Die Nacht hilft uns, die Verführungen des Luxus und der Unsterblichkeit zurückzuweisen. Durch sie erfahren wir, dass *der Tag nicht alles ist*; dass das lichtdurchflutete Leben nicht alles ist; dass es gut ist, sich den Tag zum Zuhause zu machen, es aber Selbstbetrug wäre, sich dort wie in einem Königreich einzurichten. Die Klarheit des Tages schlägt sich in Ordnung und Gesetz nieder, Maß und Synchronie. Die Nacht dagegen ist die *unermessliche* Erfahrung – Erinnerung, Diachronie, Ewigkeit … –. Antigone hat diese Erfahrung gemacht und deshalb weiß sie, dass das Maß und das Gesetz des Tages nicht als absolut angesehen werden können; dass diese auf das unwägbare Maß der Nacht verweisen.

Der Tag hilft uns seinerseits, dem Weg zu folgen und nicht endgültig in der dunklen Nacht steckenzubleiben – wenn uns einmal nur noch die Geduld übrigbleibt, darauf zu warten, dass es hell werde. Wahrhaftig hilft uns der Tag schon vorher, die dunkle Nacht nicht als absolut gelten zu lassen, zu sehen, dass auch die Nacht nicht alles ist, denn der Tag ist keine Sinnestäuschung. Es gibt Tag.

Es lohnt sich, zu beobachten, dass es in dieser Spannung die Übergänge sind, die der Reflexion zugutekommen. Während der Tag Gewohnheit und Mühe ist und die dunkle Nacht Unaussprechliches und Beklemmendes, gibt es im Übergang von einem zur anderen einen guten Moment. Tagsüber zu viel Arbeit – zu viel Beschäftigung –; nachts im Dunkeln zu viel lähmende Unruhe. So kommt die Reflexion eher am ausgehenden Tag und im Morgengrauen. Es wäre passend, hierzu die Beziehung der Philosophie zur Eule Minervas genauer zu bestimmen. Wir können von der Nacht in ihrer Dämmerung am Abend und in ihrer Dämmerung zum Morgen hin sprechen. Abenddämmerung und Morgendämmerung der Philosophie. Eigentlich eignet sich die Dämmerung – der Augenblick, in dem es hell ist, aber die Sonne schon untergegangen oder noch nicht aufgegangen ist – nicht nur, um von der Nacht zu sprechen, sondern auch vom Tag, denn auch dieser hat trotz seiner ersten Deutlichkeit irgendetwas beinahe Unsagbares.

Die Philosophie wird vor allem im Übergang vom Licht in die Dunkelheit gemacht, während der Tag sich dem Ende neigt. Wenn das Handeln aufhört, das Licht abnimmt und er Übergang zur wiederherstellenden oder zur dunklen Nacht beginnt. In diesem Übergang hebt die Eule zum Flug an. Nicht am geschäftigen Tag und auch nicht in der beklemmenden Nacht. Im Dazwischen des Übergangs, im Abstand des Übergangs. Auch in dieser Hinsicht wird begreiflich, warum die Philosophie das Lernen und der Prolog des Todes ist.

Aber es wäre einseitig, nicht auch den anderen Übergang zu erwähnen. Die Philosophie wird auch – und ich ergänze: insbesondere – in der Morgendämmerung gemacht. Ganz in der Nähe des Wunders der Schöpfung und zeitgleich mit dem Gesang der Rotkehlchen; auch die sind Frühaufsteher. In der Morgendämmerung, wenn die Tiefe die des Lebens ist, die der unglaublichen Erfahrung von sich selbst als jemand, der von nirgendwoher auf die Welt gekommen ist. In der Morgendämmerung, authentische *archē*, authentischer Ursprung aller Dinge. In der Morgendämmerung, morgendlicher Prolog der Philosophie.

Wenn wir von Übergängen sprechen, beziehen wir uns damit auf flexible Momente, in denen wir darüber nachdenken, wie wir uns dem Tag anschließen können, wie wir für uns sorgen und uns gleichzeitig dem Tag anschließen können. Vielleicht besteht das poietische Streben darin, einerseits *den Tag nie ganz aufzugeben* und andererseits, anstelle sich dem Tag nur ausgeliefert vorzufinden, *selbst derjenige zu sein, der die Erfahrung der Nacht ganz allmählich reifen lässt*, das heißt, der sie selbst hervor-ruft. Für dieses spirituelle Ziel gibt es keine Anleitung, höchstens ein paar Hinweise.

Wir haben gesehen, dass das flexible Gefüge Tag-Nacht neben der Schizophrenie der Trennung auch die Totalisierung vermeidet, sei es die des Tages, sei es die der Nacht. Eine Gefahr des Tages besteht tatsächlich in der Unkenntnis der Nacht. Dem lässt sich jedoch hinzufügen: auch in der *Unkenntnis des Tages selbst*. Der Tag verleugnet sich selbst, sobald ein Überschuss an Licht und Evidenz zu einer Art Idealismus führt, der Last, Härte und die Ungewissheit der Realität missachtet. Droge und Abschottung des Lichts. Es ist kein Zufall, dass die philosophische Abgeschlossenheit und Schizophrenie das Ergebnis ein und desselben Prozesses sind, und zwar jenes, in dem der Unterschied und das Spannungsgefüge aufgegeben wurden. Die poietische Beugung, immer auf der Suche danach, zu versammeln, schließt die zerlegende Trennung aus und damit auch Idealismen und übermäßig antithetische Ansätze. Die Philosophie der Versammlung ist *Unterscheidung ohne Verwirrung*, gleichzeitig jedoch auch *Unterscheidung ohne verschärfte Antithesen*.

Alles fällt schwer. Trotz des guten Bewohnens des Tages gibt es Erschütterungen, heftige Einstürze und finstere Nächte. Unsere Poietik sollte also darum bemüht sein, nicht nur die Lebendigkeit (den Antrieb und den Mut) des Tages zu nähren, sondern auch die *Flucht* vor dem Tag und vor der Nacht zu verhindern: der Luxus des Tages und die unpersönliche Auflösung der Nacht.

Nun gut, um sich dem Tag anzuschließen, muss er entblößt werden, um nur das Wesentliche – die unauffällige Muskulatur der Wiederholung – zu behalten, und wir sollten uns der dunklen

Nacht vorsätzlich annähern, in homöopathischen Dosen, um diese Erfahrung reifen zu lassen und den Momenten ein bisschen besser standhalten zu können, in denen sie über uns hereinbricht. Diese Reife erreicht man nahe der unendlichen Verletzung des Todes, ganz in der Nähe ihrer Tiefe und ihres Geheimnisses – nahebei, nicht darin. Am Rand der Nacht schaffen wir es, aus eigenem Willen heraus, nicht zu verzweifeln, denn wir vertrauen darauf, dass ein nächster Tag kommt. Wenn er dann tatsächlich kommt, folgen wir ihm, in dem Wissen, dass er und auch alle darauffolgenden Tage ein Ende haben werden. Die Nacht zeigt die Wahrheit, indem sie dem Tag ein Ende setzt. Die Wahrheit über den Tag ist allerdings, dass dieser endet, nicht aber, dass er nicht sei. Dass der Tag endet, dass er kein festes und dauerhaftes Fundament hat, dass man ihn in seiner Beziehung zur Nacht begreifen muss, macht ihn relativ, das heißt, abhängig. Die dunkle Nacht ist die Wahrheit des Tages. Aber der Tag ist auch die Wahrheit der Nacht. Denn die Nacht kann nur Nacht sein, indem sie das Ende des Tages herbeiführt. Die Nacht ist damit relativ zum Tag. Ja, die Nacht wird den Tag in einem Schluck hinunterschlingen. Aber es gibt Tag. Und das weiß die Nacht.

DIE NACHT DER NACHT

Blanchot und Lévinas haben von noch einer anderen Nacht gesprochen. Nicht der der Erholung und auch nicht der der Endlichkeit, sondern einer weiteren: der Nacht, die mit dem »Es gibt« (*il y a*) in Zusammenhang steht, eine Art Bezugnahme auf eine alles umfassende Ebene, von der es unmöglich ist, sich zu lösen. Blanchot hat sie »die zweite Nacht« genannt. Es geht dabei weniger um die Erfahrung der Endlichkeit und des Todes, als vielmehr um die Erfahrung der Ausweglosigkeit; eine noch erstickendere Erfahrung als erstere. Ich schlage vor, sie *die Nacht der Nacht* zu nennen. Entsetzen des Sinnlosen. Absurdität einer ewigen Knechtschaft. Fels des Sisyphos, in eine unbewegliche Steinplatte verwandelt, von der es unmöglich ist, sich zu befreien. Welt ohne jede Tür, ohne jedes Fenster. Nicht einmal die des Todes. Nacht der Nacht ohne Ausgang. Spitze des Absurden. Lebenslange Haft ohne Gefängniswärter. Selbstvernichtung und Suizid unmöglich.

Die Idee ist mächtig und auf beunruhigende Weise verführerisch. Der literarische Raum und die Kunst sind laut Blanchot nicht ein Hinaustreten – das ist unmöglich –, sondern ein Sichtbarmachen dieses Grundes, dieser fürchterlichen Gegenwart, dieses endlosen, unmenschlichen Rauschens.

Meiner Ansicht nach ließe jedoch diese Nacht der Nacht die Wahrhaftigkeit des Tages völlig außer Acht und damit auch das Bemühen, Tag und Nacht gut zusammenzufügen. Und obwohl er keineswegs zu verachten ist, ganz im Gegenteil, übernehme ich diesen Ansatz deshalb doch nur zum Teil und begrenzt, als eine Dimension, die sich im dunkelsten Bereich der dunklen Nacht ansiedelt, jedoch nicht mehr. Wie eine Bedrohung, deren Berührung tatsächlich sehr viel schlimmer ist als die des Todes. Während nun aber das Vorbeistreifen des Todes nicht nur eine Bedrohung darstellt, sondern auch ein Schicksal, hat das »es gibt« zwar den Status einer Bedrohung, aber nicht unbedingt den eines Schicksals; und auch nicht den einer Wahrheit.

TAG FÜR TAG

Das Reich der Lichter (L'empire des lumières), so heißt eine Serie von Ölgemälden René Magrittes, die wirklich genial sind. In allen Bildern sieht man den blauen Himmel (Tag) und die dennoch dunkle Wohnstraße mit brennender Laterne (Nacht). Im ersten Moment scheint es, als ob diese paradoxe Landschaft ein Gefühl von Verwirrung erzeugen müsste, was aber dann nicht passiert. In einem Brief, datiert auf Ende April 1956, unterscheidet Magritte zunächst zwischen der (unsichtbaren) Idee, die hinter dem Bild steckt, und den Dingen, die darauf abgebildet sind, und kommentiert daraufhin sein Werk mit den folgenden Worten: »Mir scheint, dieses Aufrufen von Tag und Nacht hat die Macht zu überraschen und zu bezaubern. Diese Macht nenne ich: Poesie.«[97] Wunderbar! Die erwähnten Bilder erzeugen kein Gefühl von Verwirrung, da nicht der Widerspruch, sondern der Kontrast und der Unterschied ausschlaggebend sind: Da ist Tag und da ist Nacht. Und es gibt zudem die Zusammenfügung, die Nahtstelle, den Übergang von einem zur anderen, Dämmerung. Und das – Unterschied und Zusammenfügung – ist für uns Orientierung. Wir bewohnen den Kontrast und die Bewegung; die Beziehungen. Das Gegenteil ist die Totalisierung und der Stillstand. Die Totalisierung wäre: alles Nacht. Der Stillstand wäre: Lähmung, Erstarrung. *Depression* heißt nicht nur *sinken*, sondern auch *erstarren*. Und darum wird gewöhnlich auch geraten, sich irgendwie zu bemühen, aufzustehen und sich erneut zu bewegen. Das Tag-für-Tag ist Bewegung. Und mit etwas zu beginnen, auch. Sich dem Tag anschließen, heißt, zu gehen, weiterzumachen und dass das Stehenbleiben nur das freiwillige sei und das des Ausruhens immer nur ein vorläufiges. Wir halten inne, aber sehen schon, dass es hell oder dunkel wird. Dieses Werden ist das Tag-für-Tag, das durch seine Wölbung gut für uns ist. Die Angst lähmt, wie auch die Beklemmung und noch mehr die Schlaflosigkeit. Die Bewegung des Tages und der Kontrast Tag-Nacht sind unsere Verbündeten gegen die Lähmung des Tages, der dunklen Nacht oder der Nacht der Nacht.

Die Poesie liegt nicht nur darin, den Kontrast zu sehen, sondern auch darin, *sich* in diesem Kontrast *richtig zu situieren*, und darin, aus dem Kontrast heraus zu leben, zu denken und zu tun. Was *tut* Magritte? Ausgehend vom Kontrast zwischen Tag und Nacht schafft er ein Gemälde. Darum ist es Poesie. Weil er den Tag und die Nacht gut – und auf unerwartete Weise – zusammengefügt hat. Ausgehend von einer Nahtstelle hat er eine Nahtstelle gemalt. Das ist die Poesie: aus der Situation heraus erschaffen, daraus, sich richtig zu situieren, richtig zu orientieren. Tag für Tag *weiterzumachen* bedeutet gleichzeitig, sich vom Tag tragen zu lassen sowie aus dem Tag heraus zu erschaffen. »Guten Morgen!« und »Gute Nacht!« sind die vollkommensten Verse dieses Erschaffens.

XI HOFFNUNG OHNE LUXUS

Jeder Atemzug von heute ist schon ein Verlangen nach morgen. Das Klischee, dem zufolge wir auf die Gegenwart konzentriert leben sollen, ist gut, solange man dem kein *ausschließlich* hinzufügt. Fügte man das hinzu, dann verwandelte es sich in eine unbeholfene Polarisierung. Und ob man in der Gegenwart leben sollte! Es ist sogar nützlich, das zu trainieren! Das verhindert allerdings nicht, dass der Atemzug an Gegenwart immer schon den morgigen erwartet und herbeisehnt.

Leben ist Genuss – oder Leid – des Heute und Erwartung des morgen. Und Erwarten ist Erschaffung, poietische Beugung. Wir erzeugen Erwartung und Hoffnung aus zwei wesentlichen Gründen: da *jede (gute) Begegnung Wiederbegegnung ersehnt* und weil *nicht alles gut ist.*

WIEDERBEGEGNUNG

Die unendlichen Verletzungen (Leben, Tod, Du und Welt) können ohne weiteres als Begegnungen gelesen werden: Das Leben ist das *Sich*-Vorfinden, der Tod *findet uns* auf, wir treffen *mit* dem Du zusammen und wir befinden bzw. begegnen uns *in* der Welt. In jeder einzelnen der Begegnungen liegt etwas überaus Wertvolles: In der Umarmung des Lebens, in der Liebe zum Du, in der Überschattung der Welt und selbst, wenn auch auf paradoxe Weise, im Vorbeistreifen des Todes. Denn dieses Vorbeistreifen macht, dass die anderen Begegnungen noch wertvoller, noch wohltuender sind. Nun, es ist offensichtlich, dass jede gute Begegnung ein Wiedersehen herbeisehnt. Die Begegnung des Du dient uns wunderbar als Paradigma, um dies deutlich zu machen. Die Begegnung mit dem Du ist die unendliche Verletzung, in der das Gute der Begleitung sich über alles andere ausschüttet. Die Hölle ist solipsistisch. Deshalb will sie niemand.

Dass jede gute Begegnung ein Wiedersehen ersehnt, ist etwas ganz Spontanes: Alle sich liebenden Menschen möchten sich wiedersehen. Der Sinn und die Freude der Gegenwart – die Tatsache, sich in der Begegnung zu befinden – enthält schon die Sehnsucht nach morgen – die Wiederbegegnung. Manchmal ist das Wiedersehen jedoch schwierig oder selbst unmöglich, durch den Tod. Gerade hier, in der Abstufung zwischen dem Wahrscheinlichen und dem Unmöglichen, kann man ohne Starrheit zwischen der Erwartung (*l'espera*) und der Hoffnung (*l'esperança*) unterscheiden. Die Erwartung ist Erwartung der Wiederbegegnung und die Hoffnung ist Hoffnung auf die unmögliche Wiederbegegnung, die ich, um die Resonanz mit Heidegger zu vermeiden, *unglaubliche Wiederbegegnung* nenne – eine treffendere und dem Umgangssprachlichen nähere Bezeichnung.

Das Schlüsselwort ist also nicht so sehr *Unsterblichkeit*, *Wiederversöhnung* oder *Glückseligkeit*, sondern *Wiederbegegnung*. Wiederbegegnung, nicht Wiederkehr und noch weniger *ewige Wiederkunft des Gleichen*. Da der Anfang absolut *ist*, gibt es keine Wiederholung oder Wiederkunft des Gleichen. Höchstens Wiederholung mit Unterschied. Statt der Metaphysik der *ewigen Wiederkunft* haben wir die der *unglaublichen Wiederbegegnung*. Die Hoffnung ist nicht nur die auf noch eine andere (weitere) Wiederbegegnung, sondern auf eine Wiederbegegnung des *Anderen*.

Jede herzliche Begegnung erzeugt den Wunsch einer nächsten: »Auf Wiedersehen!«, »Bis morgen!«. Das Leben ist aus Begegnungen gemacht, die uns ganz im Innern erreichen und Teil der Verletzung der Liebe sind. Das Kind begegnet seinen Eltern und die Eltern dem Kind; die Schwester dem Bruder; die Freundin dem Freund; die Geliebte dem Geliebten; der Mystiker Gott … Nicht durch Zufall bildet den Kern der Verabschiedung: »Auf Wiedersehen!« (*A reveure, hasta luego, au revoir, arrivederci, see you again* …). Jenseits des Automatismus ist »Auf Wiedersehen!« ein Wunder und ein Ausdruck unserer fortdauernden Berufung, Gefährte zu sein.[98]

Aus dieser so intensiven Berufung heraus taucht die Verletzung des Du auf. Wie oft ist es nicht so, dass wir das Kostbarste direkt vor uns haben und doch nicht in der Lage sind, es wahrzunehmen? Es ist nicht die Unsterblichkeit, sondern die Begegnung und die

Begleitung, die wir suchen. Sehnsucht nach Begleitung, für einen selbst und für alle anderen. Danach, Gefährten zu haben und Gefährte zu sein. Ein Weggefährte zu sein, besteht darin – es sei noch einmal betont –, den Weg miteinander zu teilen; darin, die Welt miteinander zu teilen (»Schau mal …«); darin, Welten miteinander zu teilen (»Stell dir vor …«); darin, den Gesang miteinander zu teilen (im Chor der herzlichen Stimmen), und darin, die Tatsache miteinander zu teilen, das Miteinanderteilen nicht aufgeben zu wollen (»Auf Wiedersehen!«).

Nicht nur das Ende, sondern schon der Anfang der Begegnung gibt gewöhnlich eine gute Fährte. Die Begrüßung ist eine Variante davon, dem anderen *Gutes* (Gesundheit, Frieden) zu wünschen: Willkommen!, Guten Tag!, *benvingut!, bon dia!, shalom!, shalam!* … – all diese antipodisch zur Gewalt. Manchmal gehen diese Ausdrücke mit der Geste einher, die Hand zu geben, sich zu umarmen, sich zu küssen … Dass den Beginn der Begegnung das »Guten Tag!« und das Ende das »Auf Wiedersehen!« darstellt, bedeutet, dass die Begegnung vom Wunsch des Guten für den Anderen bis zum Wunsch des mit dem Anderen *gemeinsamen* Guten reicht.

Sowohl das Erwarten als auch die Hoffnung richten sich auf die Wiederbegegnung. Der Sinn der unendlichen Verletzung des Lebens deutet in diese Richtung. Und so auch der der Verletzung der Welt und noch stärker der des Du. Aber was ist nun der Sinn der unendlichen Verletzung des Todes? Die Unmöglichkeit des Wiedersehens. Die Verletzung des Todes ist die Bedrohung einer Unabwendbarkeit: dass jede Begegnung letzten Endes unterbrochen wird. Vielleicht schaffen wir es, zu verstehen, dass der Tod – die Bedingung der Sterblichkeit – die Voraussetzung ist, die die Begegnung des Lebens erst ermöglicht, aber es bleibt selbst dann wahr, dass er die Begegnung ist, die die Unmöglichkeit jeder weiteren Begegnung miteinschließt.

Es gibt nichts *Wirklicheres* als jede einzelne der vier Einschnitte der unendlichen Verletzung. Und es geht dabei nicht um ein willkürliches Verteilen der Karten. Der Tod ist eine absolut gewisse Unabwendbarkeit. Kann man die Hoffnung auf eine Wiederbegegnung behalten? Oder gibt es vielleicht mit großer Mühe Raum für stoische Strategien zur Besänftigung der Verzweiflung?

Neben der Sehnsucht nach dem Wiedersehen gibt es ein zweites wesentliches Motiv, das aus dem Leben ein Leben des Erwartens, des Hoffens macht. Wir *leben hoffend, weil nicht alles gut ist.* Manchmal sage ich, um jemanden oder mich selbst zu trösten: »Alles ist gut«. Aber ich weiß, dass das nicht stimmt. Die Situation ist ambivalent. Es gibt etwas, was gut ist, was sehr gut ist. Aber schon immer gab es zu viele Dinge, die überhaupt nicht gut sind. Darum weise ich nicht zurück, dass die Aussage »Alles ist gut« esoterisch und zwischen den Zeilen gelesen werden kann. Niemals jedoch als reines Gutheißen. Niemals als Gleichmut. »Alles ist gut« sagt, in fast unhörbarem Ton, dass nicht alles gut ist. Wer sagt »Alles ist gut«, kann sich zwar dessen bewusst sein, dass es nicht so ist, jedoch gleichzeitig spüren, dass es in der Realität der Dinge so etwas wie ein Anzeichen dafür gibt, dass sie gut sein könnten.

Tatsächlich besteht kein Zweifel daran, dass die Utopie aus dem *Topos* entstanden ist. Der Welt und vor allem dem, der zur Welt gekommen ist, haftet etwas Gutes und ein Versprechen an. Deshalb nimmt jedes Handeln – und jede Revolution – seine Kraft aus dem Atmen, der Respiration der Gegenwart. *Wir leben hoffend, da das Handeln Utopie anstrebt, herbeisehnt* (*aspira*). Wir leben hoffend, da jedes Handeln utopisch ist – und in diesem entscheidenden Aspekt vereinigt sich das Beste aus dem Christentum mit dem Besten aus dem Marxismus.

Nicht alles ist gut …

Walter Benjamin hat auf geniale – und sehr freie – Weise ein Gemälde von Paul Klee kommentiert, auf dem man einen Engel sehen kann, der sehr seltsam, ganz zerrüttet anmutet. Nur wenige Zeilen genügen ihm, um die prägnanteste Kritik an der Ideologie des Fortschritts darzulegen, die je geschrieben wurde:

> »Es gibt ein Bild von Klee, das Angelus Novus heißt. Ein Engel ist darauf dargestellt, der aussieht, als wäre er im Begriff, sich von etwas zu entfernen, worauf er starrt. Seine Augen sind aufgerissen, sein Mund steht offen und seine Flügel sind ausgespannt. Der Engel der Geschichte muß so aussehen. Er hat das Antlitz der Vergangenheit zugewendet. Wo eine Kette von Begebenheiten vor

uns erscheint, da sieht er eine einzige Katastrophe, die unablässig Trümmer auf Trümmer häuft und sie ihm vor die Füße schleudert. Er möchte wohl verweilen, die Toten wecken und das Zerschlagene zusammenfügen. Aber ein Sturm weht vom Paradiese her, der sich in seinen Flügeln verfangen hat und so stark ist, daß der Engel sie nicht mehr schließen kann. Dieser Sturm treibt ihn unaufhaltsam in die Zukunft, der er den Rücken kehrt, während der Trümmerhaufen vor ihm zum Himmel wächst. Das, was wir den Fortschritt nennen, ist dieser Sturm.«[100]

Aus der Bewunderung heraus, die ich für diesen Text empfinde, gebe ich nun selbst auch einen ganz freien Kommentar dazu. Niemand weiß so sehr wie dieser Engel, dass nicht alles gut ist. Sein Blick bewegt. Er blickt nicht siegessicher oder optimistisch nach vorn, sondern zurück. Dort hinten sieht er weder erreichte Meilensteine noch die Bilder mächtiger Männer. Er sieht dort Leid und Zerstörung. Er sieht keine lange Kette aneinandergereihter Epochen, die bis in die Nacht der Zeiten zurückreichte – das heißt, er sieht keine abgeschlossene Vergangenheit, keine *perfekte* Vergangenheit. Er sieht eine einzige Katastrophe, die nach oben hin wächst – bis in den Himmel – und die bis hierhin reicht, das heißt, sie ist gerade erst passiert: wörtlich genommen, eine *imperfektive* Vergangenheit. Er sieht nichts Allgemeines; er sieht konkrete Dinge, die zerbrochen, und persönliche Gesichter, die zerschunden sind, und darum leidet er – er möchte zusammenfügen, was zerbrochen ist, und die Versunkenen wiedererwecken. Zweifellos ist der Blick dieses Engels wahrhaftiger und tiefer, als es unser »historischer Blick« gewöhnlich ist. Wir sollten dringend von dem seinen lernen und ihn uns eigen machen.

Benjamins Engel der Geschichte ist ein revolutionärer Engel und genau das macht seine Ohnmacht deutlich. Er will wahrhaftig, aber er kann nicht. Er befindet sich im schwersten Augenblick. Die anwachsende Welle des Ausbruchs des Bösen (des Fortschritts) reißt ihn mit sich. Wie fast alle Engel ist er gutmütig. Er ist der Schutzengel der Geschichte, oder besser gesagt, der aller ihrer Opfer. Denn paradoxerweise glaubt der Engel der Geschichte nicht an die Geschichte; er glaubt nur an die Würde der Opfer des Bösen und der Ungerechtigkeit. Er möchte die Hand ausstrecken – den

Flügel – um jeden einzelnen von ihnen zu retten, aber er kann es nicht.

Nun, eines ist sicher: dass er seine Berufung nicht aufgeben wird und dass er sein Versprechen halten wird – die Hand geöffnet – bis über das Ende hinaus. Der Engel ist tief verletzt; er war es schon vor dem Ausbruch und danach ist er es noch einmal so sehr. Die erste Verletzung war die der Liebe, während die zweite die des Todes (der Anderen) ist. Gerade weil er durch die Liebe und den Tod verletzt ist, ist der Engel mitfühlend und möchte bewahren. Tief zerrüttet schafft er es nicht. Vielleicht ist er allein zurückgeblieben und weiß nicht, wen er um Hilfe bitten soll? Wir wissen es nicht. Was wir wohl wissen, ist, dass er standhalten wird und dass er inmitten der Verzweiflung warten, hoffen wird. Und wir fühlen, dass in diesem verzweifelten Hoffen eine Art Kraft entsteht. Vielleicht ist es die Kraft der Geduld. Der Engel, aus der Fassung gerissen, lässt nicht davon ab, zurückzublicken, auf das menschliche Leid, und so *bewirkt* er, dass nichts vollkommen abgeschlossen, nichts endgültig entschieden wird. Sein revolutionärer Blick bewirkt, dass alles auf unerklärliche Weise *schwebend* bleibt. Ohne dass selbst er sich davon bewusst ist, ist die Kraft seines kläglichen Blicks so wunderlich, dass er eine leichte Ermattung der Zeit, ein leichtes Aussetzen der versteinernden Gewalt der Zeit bewirkt.

Niemand weiß besser als der Engel, dass nicht alles gut ist ... und deshalb leidet er mit uns.[101]

Nach dem Beistand Benjamins füge ich nun noch einen anderen hinzu, der diesmal von einer kurzen, eigenartigen und inspirierten Schrift Ernst Blochs gewährt wird. Der Autor schenkt darin dem folgenden umgangssprachlichen Ausdruck Aufmerksamkeit: »Wie geht es, sagen wir, gut?«[102] Wir wissen nur zu gut, dass diese Worte – oder andere ähnliche – in den meisten Fällen leere Formalismen sind, in denen sich überhaupt nicht für den anderen interessiert wird, sondern im Gegenteil: noch bevor der Andere antworten und seine Probleme schildern kann, greift man ihm voraus und wird ihn so los; der zweite Teil der Begrüßung ist schon Verabschiedung und man sagt sie, während man weitergeht. Bloch bemerkt jedoch, dass diese Erklärung nicht genügt. Das heißt, vielleicht lassen sich die meisten Fälle so erklären, jedoch nicht alle. Eine weitere Erklärung ist nötig und er weist in die folgende Richtung: »Manchmal grüßt da etwas wie von einer *besseren* Welt oder glänzt sie still und äußerlich vor«.[103] »Gut?« kann genuin gemeint sein und auf etwas basieren, das von der äußeren Erscheinung der Dinge herrührt. Um dies zu veranschaulichen, gibt Bloch das Beispiel der Hausfassade und des Lichts, das durch die Balkone sickert. Er stellt sich vor, ein Reisender zu sein, der es sich auf dem Marktplatz eines Dorfes bequem gemacht hat. Von dort aus bemerkt er eine Art Frieden, der von den ihn umringenden Fassaden ausgestrahlt wird. Ist das nur ein ästhetischer Eindruck? Daraufhin beginnt der Wirt ihm einige der tragischen Familiengeschichten zu erzählen, die sich hinter diesen Mauern abgespielt haben – vom Unglück anderer zu erzählen ist wirklich schon ein Klassiker. Und dennoch, trotz der schauerlichen Ereignisse, die er erfährt, hört der Besucher nicht auf, die warme Erscheinung der Häuser wahrzunehmen: »doch die Schönheit blieb, sogar die Idylle«. Bloch vermag es, hinter den Konventionalismen und den in kalte Automatismen verwandelten Grußformeln etwas anderes, viel Authentischeres zu entdecken: »Und wie das Bild der ersten Begegnung mit Menschen, Landschaften bleibt, auch wenn es sich später längst berichtigt hat: noch viel länger, vor allem höher bleibt der Idyllenglaube stehen; seine Entzauberung berührt ihn gar nicht.« Bloch sieht, dass es *trotz allem* eine Art Frieden gibt, die von der Erscheinung der Dinge ausgeht. Und dass sich das nicht auf eine simple Verführung als Folge des Gefallens reduzieren lässt, das man empfinden könnte, wenn man friedlich auf dem Markplatz sitzend beobachtet. Laut Bloch muss es etwas geben, was wirklich vom Ding ausgeht, was seinen Grund im Gegenstand selbst hat. »Tout va bien, sagt mancher Anblick, als wäre diese Hilfskonstruktion auch den Dingen nicht unbekannt«. Im Schein leuchtet so trotz allem etwas Gutes und »wird [...] etwas versprochen, das nicht gehalten zu werden braucht«.

In manchen Dingen unserer Welt ruht eine Art Hinweis, Versprechen, *Utopie*: ganz recht, in der Fassade, aber auch in der Mandelblüte oder im Küchentisch. Danach können die Dinge verzerrt werden. Aber das Versprechen geht voraus. Die These, die ich mehrmals verteidigt habe, lautet, dass dieser Hinweis des Guten, dieses Versprechen, wesentlich aus dem Menschlichen herrührt, aus diesem Jemand, der nirgendwoher kommt, aus seinem Gesicht und seinen Händen. Was bedeutet, dass das Unglück und das Böse hereinbricht, *überkommt*. Das Haus, das Fenster, der Tisch … aber vor allem das Gesicht des Anderen versprechen Gutes, wenn auch das Leid und die Dunkelheit hereinbrechen können. Das Gute *kommt* und es *sollte kommen*. Das Böse *überkommt*. Und es meint das Gleiche, wenn gesagt wird, dass es ein Versprechen des Guten gibt, obgleich dieses Versprechen auch unerfüllt bleiben kann.

Auf dieses Versprechen hinzuweisen, das jemandem innewohnt, der von nirgendwoher kommt, bedeutet nicht, auf getarnte Weise von der Sakralität des menschlichen Lebens zu sprechen, im biologistischen oder naturalistischen Sinn. Mit anderen Worten: Es geht nicht darum, den Menschen in ein Ding zu verwandeln und von diesem Ding (diesem *natürlichen* Leben) zu behaupten, es sei heilig. Ich versuche hier vielmehr die These aufzustellen, dass die Menschlichkeit aus der unsichtbaren Tiefe heraus entsteht, aus der Schwingung der Seele, die im Genuss und im Leid und im Versprechen der poietischen Beugung – des Handelns und der Güte – bestehen. Ich glaube, das steht mit dem im Einklang, was Benjamin in seinem bekannten, von Derrida so reich kommentierten Text über die Gewalt schreibt.[104] Benjamin meint, dass nicht das bloße Leben heiliggesprochen werden sollte, sondern das Versprechen des gerechten Menschen, die Potenzialität einer gerechten Zukunft. Auf diese Weise vermeidet er die Sakralisierung desjenigen, der Ursprung der Gewalt und der Ungerechtigkeit werden kann. Die Heiligkeit ist somit im gerechten Menschen. Soweit wir sehen können, scheint der böse Mensch seinen Namen verraten zu haben. Als ob er die Schwingung durch Versteinerung ersetzt hätte, die Menschlichkeit durch Unmenschlichkeit, die Beugung durch die Lanze.

Nicht alles ist gut. Aber es gibt ein Versprechen im Menschen, eine Aussendung, eine Utopie.

PROVIANT FÜR DAS PROVISORIUM

Wir leben also erwartend, hoffend, da jede gute Begegnung um Wiederbegegnung fragt und weil nicht alles gut ist (es gibt jedoch ein Versprechen des Guten). Doch der Tod macht die Wiederbegegnung unmöglich und das Böse scheint die Erfüllung des Versprechens zu verhindern. Wie ist es möglich, trotz allem die Hoffnung zu behalten – selbst der Verzweiflung zum Trotz? Tatsächlich ist die Hoffnung das Bemühen, angesichts der Verzweiflung nicht zu kapitulieren. Was ermöglicht uns standzuhalten?

Trotz allem warten, hoffen. Ganz unten im Rucksack liegt eine letzte Papiertüte mit Proviant, in der noch zwei Brötchen sind. Das sind die Brötchen, die dazu bestimmt sind, die Hoffnung zu nähren, zu stärken – das heißt, die Unfestigkeit der unglaublichen Wiederbegegnung.

Wir erleben den Sinn schon im Leben. Es gibt eine Art Sinn, die der Verletzung des Lebens innewohnt, der des Du, der der Welt und selbst der des Todes. Und ohne Zweifel auch einen Sinn, der an das poietische Handeln anknüpft, das darauf Antwort gibt: das Leben intensivieren, Gefährte sein, Welt erschaffen, uns darauf vorbereiten, zu sterben. Ist das nicht genug? Doch, und wie … Wäre es nicht so, dass es nicht jedem möglich gewesen ist, diesen Sinn zu erleben. Wäre es nicht auch so, dass wir manchmal den Eindruck haben, dass ein letzter Angriff des Absurden bloßlegen könnte, dass alles zusammen doch bedeutungslos sei. Wir leben den Sinn schon im Leben und die Hoffnung ist im Grunde das *Hoffen auf ein wenig mehr Sinn*: aber auf einen Sinn, der *anders* ist. Es ist, als ob dieses Wenige, in der Hoffnung ersehnt, die Bestätigung des Versprechens sei, die in jedem Anfang liegt.

Aber die Hoffnung zu behalten, fällt schwer; es ist ein Widerstand und ein Kampf gegen die Verzweiflung. Ein Widerstandskampf, der natürlich ohne Feuerwaffen und inmitten unserer täglichen Leben ausgefochten wird. Dass es kein gewaltsamer Kampf ist, meint nicht, dass er nicht intensiv und manchmal hart wäre. Zu fühlen, dass man kurz davor ist, ihn zu verlieren, bedeutet noch nicht, ihn zu verlieren. Zu fühlen, dass man kurz davor ist, ihn zu verlieren, ihn aber nicht zu verlieren, ist wahrlicher Widerstand, das heißt, Hoffnung. Mit den beiden Brötchen als letzter Proviant. Besondere Brötchen, von denen schon der Duft und hier und da ein Bissen beinahe genügt, um weiterzumachen. Auf der Außenseite der Papiertüte sind mit Bleistift die zwei vorletzten Gründe für die Hoffnung notiert – im Laufe unseres Weges schon vorausgegriffen –: dass die Tiefe wirklich ist (nicht metaphorisch) und dass zwischen der Tatsache, ins Leben zu kommen, und der, zum Tode bestimmt zu sein, eine Unverhältnismäßigkeit besteht. Diese zwei

Gründe (die den beiden zuerst genannten hinzugefügt werden: der Absicht des Wiedersehens und der Erfahrung, dass nicht alles gut ist, aber ...) hätte man zu anderen Zeiten Vorreden der Hoffnung (*preambula spei*) nennen können.

Dass die Tiefe keine Metapher ist. Es passiert genau das: dass ganz unauffällig ein bisschen Vertrauen aus der Erfahrung der Tiefe hervorkommt. In der Situation des Ausgesetztseins hilft es uns, die Tiefe dessen zu spüren, was uns verletzt. Und gerade deshalb steht einer der Gründe für das Unbehagen und die Verzweiflung in der heutigen Gesellschaft mit dem Verlust der Dimension der Tiefe in Zusammenhang. Das flache und homogene Verständnis unser selbst und der Welt macht uns krank. Die Welt auf Dinge und Funktionen reduziert, die objektivierte Welt, begünstigt die Depression und die Verzweiflung. Selbst zufrieden und in einer komfortablen materiellen Umgebung ist dann die Partie verloren und früher oder später wird der Verlust sichtbar. Das Leben gewinnt an Kraft, sobald man, und sei es mit Erschaudern, die Tiefe bemerkt, während es in der Banalität an Kraft verliert. Nur wer noch in der Lage ist, die Tiefe zu spüren, die ihn bedingt, nährt sich somit, um den Angriffen des Nihilismus weiterhin standzuhalten. Das ist unsere Situation: in der Tiefe, gegen den Abgrund. Die Banalität, wie auch das Abgründige, das sind die Gefahren, die auf unsere Tiefe lauern.

Die Hoffnung hängt nicht mit einer uns selbst fremden hypothetischen Dimension zusammen; sie steht mit der Unendlichkeit in Verbindung, die uns konstituiert. Noch einmal rührt der Sinn von der Nahtstelle her, in diesem Fall, von der Naht, die wir selbst sind, der Nahtstelle zwischen der Verletzung und der Tiefe dessen, was uns verletzt.

Die Tiefe dessen, was *mich durchdringt* (mich verletzt) und *mich übersteigt*. Leben, Tod, Du und Welt sind die Unendlichkeiten, die mich verletzen, sich aber nicht auf mich selbst reduzieren lassen. Die Tiefe übersteigt mich, transzendiert mich. Jeder Mensch ist durch die Faltung des Fühlens von der Unendlichkeit überschritten und durchdrungen. Nichts ist wahrer und doch gibt es kein wissenschaftliches Maß, das diese Situation bestimmen könnte. Aus dem, was unmessbar ist, schöpfen wir die Kraft, um standzuhalten; wir schöpfen daraus ein zurückhaltendes aber entscheidendes

Vertrauen. Woher nimmt Antigone ihre Kraft? Woher Franziskus? Woher alle Antigonen? Woher alle Franziskaner? Nun, aus dem, was *sie durchdringt* und dem, was *sie übersteigt.*

Und das letzte Brötchen der Hoffnung: *Wir spüren, dass zwischen der Tatsache, ins Leben zu kommen, und der, zum Tode bestimmt zu sein, eine Unverhältnismäßigkeit besteht.* Das Geheimnis der Tatsache, ins Leben zu kommen – das Geheimnis des Lebens – ist unglaublicher als das des Todes. Es existiert eine Unproportionalität, zugunsten des ersten. Die unglaublichste Erfahrung ist die, ins Leben gekommen zu sein und noch immer jeden Tag neu zu beginnen. Außerhalb des kosmologischen Systems, des Zyklus der Natur bzw. jedes anderen Systems, ist das Leben von *jemandem*, mit seinem absoluten Anfang, eine unwiederholbare Veränderung. Dass (uns) ein Kind geboren ist[105] oder, wie der Ausrufer verkündet, dass ein Mädchen geboren wurde: ein unglaubliches Wunder und eine einweihende Freude. Die Erlösung ist schon am Anfang, in jedem Anfang. Es ist offensichtlich und doch sollte es betont werden: Die Hoffnung ist mit der fortwährenden Geburt verbunden, die wir sind. Es scheint, als ob wir mit einem Mal geboren würden, obwohl wir das in Wirklichkeit ganz allmählich tun – und währenddessen wird es Zeit zu sterben. Von nirgendwoher gekommen zu sein, ist jedoch nicht gleichwertig damit, zum Sterben bestimmt zu sein. Es stirbt, wer lebt, wer gelebt hat, wer einen *Namen* trägt. Worin besteht die grundlegende Veränderung? Von nirgendwoher gekommen zu sein. Das ist die entscheidendste und unglaublichste Veränderung. Dem ist die Veränderung, die der Tod bringt, untergeordnet. Darum spreche ich von Unverhältnismäßigkeit und von einer Unverhältnismäßigkeit zugunsten der Situation, ins Leben gekommen zu sein. Und genau dadurch und allem zum Trotz hält die Hoffnung, mag sie auch erzittern, wieder und wieder den Angriffen der Verzweiflung stand. Es ist also nicht beliebig, dass der Mensch einen Kampf mit dem Tod führt. Wer begonnen hat, schafft es nicht – vermag es nicht –, die spätere totale Vernichtung zu begreifen. Das *Für-immer* des Anfangs hat seinen Gegenpol im *Nie-wieder*, das der Tod auferlegt. Aber das Für-immer geht über das Nie-wieder hinaus. Das Übermaß der Tatsache, von nirgendwoher gekommen zu sein, übersteigt das Übermaß der Bestimmung zum Sterben.

Gerade weil es dieses geheimnisvolle Versprechen gibt, das der Geburt anhaftet, ist es uns noch schmerzlicher zu fragen: Was passiert, wenn das Leben eines Kindes oder eines Jugendlichen von Leid oder Gewalt zerbrochen wird oder jemand selbst zum Gewalttäter oder Tyrann der Anderen wird? Und es gibt keine Antwort. Das Unglück und das Böse sind fürchterliche Plagen ohne Erklärung. Das Einzige, was zählt – das Einzige, was Sinn hat – ist das, was man in jedem konkreten Fall tun kann. Das Unglück bringt dem zunehmend erschütterteren Engel Benjamins immer noch mehr zu schaffende Arbeit. Denn genau wie die Menschen folgt er dem gleichen *kategorischen Imperativ*, der, wie Jan Patočka sagte, »nicht die Stimme einer abstrakten Vernunft, sondern die des menschlichen Leids« ist.

Jeder, der diesem Imperativ folgt, kämpft an der gleichen Front und bemüht sich, in Augenblicken der Waffenruhe, etwas Gutes zu tun (mehr Welt, mehr Leben, mehr Sinn). Sowie zu feiern und zu singen – wenn er auch die Töne nicht gut trifft. In Zeiten größerer Schwere versucht er, trotz allem die Hoffnung zu behalten; das heißt, in Einklang mit unserer Kontingenz bemüht er sich, die Vorläufigkeit zu erhalten, die Überzeugung, dass alles vorläufig ist, dass nichts definitiv ist, dass nichts unweigerlich ist. Da sich vorläufig zu definitiv so verhält wie kontingent zu notwendig und wir zuvor die Kontingenz gefeiert haben, sollten wir nun die Vorläufigkeit gegen die Unabwendbarkeit und das Absurde verteidigen.

Himmel und Erde, Tag und Nacht … Und nun noch eine weitere Nahtstelle: eine Brücke zwischen Begegnung und Wiederbegegnung.

Wir sind schon im Unglaublichen und es ist, als ob dieses Unglaubliche darum fragt, gehalten zu werden. Die Hoffnung bedeutet, das Unglaubliche zu halten, das wir sind. Und weiter Brücken zu bauen von Unglaublichem zu Unglaublichem.

XII TELEGRAPHISCHE ZEILEN

Vielleicht weil wir in einer Zeit ohne Propheten leben, gibt es mehr Prognosen als je zuvor und reihenweise Kandidaten, die bereit stehen, die Zukunft vorwegzunehmen. Außer den immer wertvollen Vorhersagen, die dazu bestimmt sind, Gefahren und Unglück zu vermeiden, ist jedoch alles andere überflüssig.

»Man wird sehen«, sagt der gesunde Menschenverstand – der immer seltener wird – und konzentriert sich auf das Wichtigste, das wie immer darin besteht, die Dinge gut zu machen und ein bisschen mehr Gutes hinzuzufügen. Darin, Arbeit und Aufgaben, die Sinn haben, gut zu erledigen, ein bisschen grundloses und unfunktionelles Gutes hinzuzufügen und in der Wüste zu kon-spirieren.

Der italienische Ausrufer, auf den ich mich zu Beginn bezogen habe, bemühte sich, die offiziellen Bekanntmachungen mit einer Prise Weisheit anzureichern. Er lebte allein, aber alle Nachbarn wussten, dass seine Türen weit geöffnet waren und dass er zu Tisch sofort einen Teller mehr deckte. Allerdings gab es keine Überraschungen im bescheidenen Menü: magere Nudeln mit einer Spur Öl und ein wenig geriebenem Parmesan, ein halbes Glas Wein sowie ein und dieselbe Tischrede – die er so gerne sprach –: »*Alla salute temporale ed eterna*«.

Der Beruf des Ausrufers ist verschwunden, wie der des Laternenanzünders und so viele andere. Manche Notizbücher sind jedoch noch erhalten, wie jenes, das der alte Ausrufer verwendete. Dort sammelte er die Bekanntmachungen, notierte aber auch in kurzen Sätzen, die selten die Länge einer Zeile überschritten, Ideen, sobald diese durch das Sieb der Stunden gelaufen waren. Es ist doch seltsam, dass sowohl das noch ganz leere Notizbuch als auch eines, das schon ganz gefüllt ist, so gute Empfindungen auslösen können. Vielleicht weil beide Zeichen eines Lebens sind. Das Ende: ein Notizbuch mit einem Namen.

Der Stil des Ausrufers ist der, der mir immer als der beste vorgekommen ist: kurze Sätze und lange Pausen, um Menschliches zu sagen, sehr Menschliches, während auf überflüssige Worte verzichtet wird. Manchmal sogar mit einem Hang dazu, die erwähnten Bindestrichte der alten Telegramme zu verwenden. Um nun nach und nach zu rekapitulieren, könnte man so versuchen:

> von nirgendwoher gekommen – den Namen erhalten – durch das Leben unendlich verletzt – mit Leichtigkeit und Schwerkraft – jeden Tag – Anfang, Naht und Psalm –

Es geht darum, zu rekapitulieren, nicht aber, Schlussfolgerungen zu ziehen. Denn wie könnte man eine Reflexion über das Leben schließen oder zu einem Schluss bringen?

Die Faltung des Fühlens ist die höchste Berührbarkeit, Verwundbarkeit des Menschen; der Grad an Offenheit, der bewirkt, dass der Mensch vom Unendlichen durchdrungen, verletzt zurückbleibt. Das, was Nietzsche in einem bestimmten Moment dem Christen zuschreibt, und zwar, dass er »jede Berührung zu tief empfindet«,[106] scheint mir eher das Wesen des Menschlichen auszudrücken. Aber auch hier mit einer entscheidenden Abweichung: Dieses *zu* braucht nicht als Symptom des Krankhaften begriffen zu werden, sondern als etwas Gutes, das etwas hervorbringt, was *noch menschlicher* ist.

Die zarte Haut und das große Herz sind die beiden entworfenen Symbole, um dieses so tiefe Empfinden darzustellen. Ich glaube, man kann selbst beide zugleich gebrauchen und so ein drittes Bild formen: *von der Haut zum Herzen*, wodurch auf die Weite, die Tiefe des Menschlichen verwiesen wird. Die offene Haut und das verletzte Herz. Nun, *von der Haut zum Herzen* ist *das menschliche Licht*. Denn nicht umsonst sind das Licht und die Öffnung gleichbedeutend. Man kann vom Lumen einer Arterie sprechen – ihr Durchmesser –, von der Lichte einer Tür – ihre Breite – oder sogar von einer lichten Weite der Schublade – ihre Öffnungsweite. Für uns selbst zu sorgen, bedeutet also, *uns Licht zu geben*, das heißt, weder zuzulassen, dass die Verletzung sich schließt – durch sie atmen wir – noch dass die Tiefe verloren geht – sie ist das Geheimnis, das wir sind.

Nachdem wir auf den kreuzförmigen Einschnitt der Verletzung hingewiesen haben, der uns konstituiert, haben wir gesehen, dass die *Beugung*, die *Versammlung* und die *Milde* wichtige Aspekte der *Poieisis* sind. Doch ist die bedeutsamste Fährte, die sowohl *Verletzung* als auch *Poiesis* gemein haben und die zwar unscheinbar, aber dennoch während der ganzen Zeit gegenwärtig war, keine andere als die *Konkretheit*, die wir nun kurz, aber offenkundig würdigen sollten. Wir machen die Erfahrung, ein ganz konkreter Anfang zu sein: der von jemandem, hier und mit Namen. Und ohne jeden Zweifel stehen die sinnvollsten Handlungen im Dienst dieser Konkretheit, was natürlich auch dem scharfsinnigen Blick Simone Weils nicht verborgen geblieben ist: »Lieben, geliebt werden, das macht nur dieses Existieren wechselseitig konkreter«.[107] Wie schön gesehen! *Lieben* ist gerade deshalb der hauptsächliche Infinitiv des Lebens, weil es bewirkt, dass das Leben etwas noch Konkreteres ist.

Das Konkrete ist das Geheimnis; das Konkrete ist das Unglaubliche. Die Wahrheit ist die Wahrheit der Personen; der einzigartigen Wesen, die, da sie leben – da sie sich lebend vorfinden –, einen Eigennamen verdienen. Alles ist eigen ohne Eigentum. So ist beispielsweise unsere Lebenszeit durch die Tatsache, dass jeder von uns ein Anfang ist, eine *konkrete und eigene Zeit* – anders als die Zeit der Welt. Obwohl die Zeit meines Lebens nur schwer zu sagen ist, ist nichts Abstraktes an ihr: Sie ist das Konkreteste, *mein Mich-Befinden*, *mein Mir-selbst-Begegnen* (*trobar-me*), gerade jetzt, hier. Und *meine* konkreten *Begegnungen* (*trobades*) mit den Anderen. Meine Tage und meine Nächte … Und manche so besonderen Augenblicke, dass sie beinahe Ziffer oder Strophe des ganzen Lebens sind.

Ist die gemeinsame Wurzel von *Konkretion* und *Kreation* zur Genüge betont worden? Tatsächlich kann man nur über diese Spur beginnen, zu verstehen, was die *Kreation* wirklich ist: der Anfang des Konkreten; das Wunder des Konkreten. Wer von der Sorge um die Anderen zur Sorge der Dinge kommt und von der der Dinge erneut zu der der Anderen, lebt nah bei der Schöpfung und ist in der Schöpfung. Sprechen *ist* Vertrauten in die konkrete Adressierung des Namens. Und lieben, in die konkrete Adressierung des Pronomens. Unser Leben ist so konkret, dass wir das, was es stärkt und ihm Vertrauen gibt, nur im Obdach des Konkreten empfangen können. Und sobald wir uns im Gegensatz dazu vom Konkreten entfernen, verlieren wir uns und erkranken.

Wer nicht an das glaubt, was er sieht, nicht an das, was er anfasst, und auch nicht an das, was er fühlt, und vor allem, wer es nicht vermag, den Anderen zum Nächsten, zum Freund zu machen, dem geht es nicht gut. Und er kann auf nichts und niemanden vertrauen. Er glaubt an nichts oder glaubt, dass letzten Endes alles nur eine Art Nichts ist. Das ist der Nihilismus. Wer dagegen an das glaubt, was er anfasst, der vertraut und glaubt auch an das, was man nicht anfassen kann. Denn wer das Sichtbarste betrachtet, sieht das Unsichtbare, gerade durch die tiefe Einfachheit des Konkreten. Und wer an das Glaubhafteste glaubt, glaubt an das Unglaubliche.

Das Konkreteste fällt mit dem Lebendigsten zusammen, das heißt, mit den *Begegnungen* der unendlichen Verletzung. Ja sogar mit der bedrohlichen Begegnung des Todes, denn paradoxerweise bewirkt sein Vorbeistreifen, dass jede einzelne der anderen drei Begegnungen noch konkreter und schwingender wird: Sie intensiviert das *Mich-Befinden* bzw. das *Mir-selbst-Begegnen* (*trobar-me*) – Verletzung des Lebens –, sie intensiviert das *Dir-Begegnen* (*trobar-te*) – Verletzung der Liebe – und sie intensiviert das *Mich-hier-Befinden* (*trobar-m'hi*) – Verletzung der Welt. Das hautnahe Vorbeistreifen der Endlichkeit ist schon eine sehr frühe Erfahrung, aber mit den Jahren wird es beharrlicher, und während es die anderen Begegnungen weitet, durchtränkt es sie zugleich mit einer Art Beklemmung: Ich fühle zwar jetzt gerade den Genuss des Lebens, *aber* …, und ich fühle mich sehr verbunden mit Anderen, *aber* …, und dieser Welthorizont, dem gegenüber ich mich befinde, bewegt mich, *aber* …, es ist, als ob ich all das schon vermisste. Ich genieße so sehr, was mich so stark erschwingen lässt – was mich so intensiv leben lässt –, dass ich jetzt schon befürchte, es zu verlieren. Aus diesem Grund besteht eine der wesentlichen poietischen Beugungen darin zu *bewahren* (in Form von Gedächtnis, Erinnerung, Versprechen, Hoffnung …). Die Begegnungen des Lebens zu bewahren, bedeutet, für eine Wiederbegegnung zu beben. Vor allem bewahren, was man nicht bewahren kann. Während die Welt sich *preisgibt*, *bewahrt* der Mensch. Auch der Mensch gibt sich preis, aber wenn er sich ausschließlich preisgibt, dann geht selbst die Welt verloren. Der Mensch *bewahrt* – er offenbart sich, indem er bewahrt – den Anderen, sich selbst und die Welt. Bewahren heißt nicht, hinter

Schloss und Riegel einzuschließen; es bedeutet, sich sanft an den Begegnungen zu halten und die Wiederbegegnung zu ersehnen – oder, ins Philosophische übersetzt, *den Sinn zu retten*.

Es gibt in diesen Begegnungen etwas so Wertvolles, dass wir sie vor jeder drohenden, endgültigen Vernichtung *wahren* möchten. Wir möchten uns in der Erschaffung halten, das Erschaffene bewahren. Und genau das ist Denken: ein wenig mehr Sinn suchen – erhoffen –, und das bedeutet die Wahrung dessen, was wir schon leben. Wir hoffen auf *ein unendliches bisschen* Sinn, das den Sinn rettet.

Der unglaubliche Anfang ist geschehen. Wir sind ins Leben gekommen. Unsere Vorläufigkeit ist kein Trugbild, keine Sinnestäuschung. Und wir möchten sie aufbewahren. Die Vorläufigkeit (*provisionalitat*) ist Vorrat (*provisió*) und Sehnsucht. Das Denken erhebt sich gegen die Herrschaft des vernichtenden Schicksals: es nährt sich aus der Kontingenz der Realität und bemüht sich darum, dass die stete Unbeständigkeit des gelebten Sinns nicht dessen reines Verschwinden verkünde. Wir müssen in der Vorläufigkeit standhalten, ohne (zuzulassen) einen Schluss zu überstürzen:

> Das Unendliche kommt zu Besuch – die Verletzung öffnet sich – die Schwerkraft lastet, prägt – die Hände greifen – die Worte fügen sich zusammen – man braucht nur wenig zum Leben – Brot und Gesang – reifen lassen – bewahren, was man nicht bewahren kann – dem Schluss widerstehen – bis dass es niemals mehr zu spät ist –

Die Erfahrung der Geburt, der Tatsache, nirgendwoher gekommen zu sein, ist der feste Punkt, den sich Archimedes wünschte, nun aber nicht, um die Welt zu bewegen, sondern um die Berufung zum Denken und zum Leben aufrechtzuerhalten. Ein fragiler Stützpunkt, der dennoch zum kostbaren Steg wird. Vom Steg aus macht es Sinn, zu leben, indem man nach dem Sinn des Lebens fragt. Vom Steg aus leben wir die Offenheit dieser Frage wie auch die der unendlichen Verletzung und das ist schon ein Widerstand gegen die Verzweiflung.

Vom Steg aus können wir so weit kommen zu erahnen, dass jedes neubeginnende Leben in der Welt beginnt und uns doch in gewisser Hinsicht entrinnt, ins Jenseits oder besser ausgedrückt ins

Diesseits der Welt – denn die Welt vermag letztendlich nicht, es zu erklären –; vom Steg aus können wir so weit kommen zu erahnen, dass sich jedes menschliche Leben in der Welt und auch – um einen alten und schönen Begriff zurückzugewinnen – im *Aevum* ereignet (die Freude, das Zuhause, der Blick und die Hände eröffnen die aeviterne Dämmerung).

Vom kostbaren Steg aus erzeugt und hofft das Denken; still trägt es Früchte und still verweilt es im Hoffen. Es erzeugt Sinn, während es auf dieses andere bisschen Sinn wartet (darauf hofft, es zu finden). Die Philosophie ist eine Modalität der poietischen Beugung, die sich dem Erzeugen von Nahtstellen und Brücken widmet, materiellen und immateriellen, vollendbaren und solchen, die nie fertigzustellen sind. Vom Menschlichen zum Menschlicheren; von der Welt zu einer, die noch wahrhaftiger Welt ist; vom Unglaublichen zum Unglaublichen.

Und da das Herz gerne wiederholt, zählt man für den Bau der Brücken, die nicht fertigzustellen sind, außerdem auf die umsorgenden Wölbungen des *Tag-für-Tag*: die zur Umarmung gebeugten Arme; die zum taktvollen Umgang gebeugte Aufrichtigkeit; das in der Runde gebogene Spiel; die zum Lächeln gewölbte Freundschaft; die im einhüllenden, alten und bekannten Duft des Zuhause-Aufwachens gewölbte Erinnerung.

Alle diese Wölbungen erfordern Biegsamkeit. So ist nicht einmal der Widerstand Härte, ganz im Gegenteil: Er ist Widerstand gegen die Versteinerung. Ein versteinertes Herz ist kein Herz mehr. Es ist besser, weich zu werden wie das Wachs als auszuhärten wie der Ton. Die Biegsamkeit ermöglicht, dass die Hände sich halten können, so wie das auch die Zeichen und die Worte tun, indem sie eine Zeile miteinander teilen.[108]

Eine Kon-spiration wächst an. Die Kon-spiration der Wüste. Mögen die Desarteure auch überall zerstreut sein, bilden sie dennoch gemeinsam ein einziges Gedicht. Es scheint, dass auch ein paar Engel daran teilnehmen und dass einer von ihnen der Engel der Geschichte ist, jedoch mit ein wenig wiedergewonnenen Kräften, denn jetzt ist er nicht mehr allein. Leider nimmt das Unglück zu. Aber auch die Konspiration wächst. Sie baut Brücken und singt Namen. In der Zwischenzeit erstreckt sich das Blau langsam über die Ebene.

ANMERKUNGEN

1 Nietzsche, *Also sprach Zarathustra*, Teil IV »Das Nachtwandler-Lied«, § 6, KGW VI.1, 396.

2 Anm. z. Ü.: Im Original besteht eine morphologische Verwandtschaft zwischen *pregonesa* (Tiefe) und *pregó* (öffentlicher Aufruf, Ansage, Festrede) sowie *pregoner* (Herold, Ausrufer).

3 Luigi Groto, *Isac*, Rom 1673, II. Akt, I. Szene, S. 28.

4 Anm. z. Ü.: Der Begriff *radical* muss in diesem Zusammenhang wörtlich, und zwar im Sinne von »die Wurzel betreffend«, »zur Wurzel gehörend«, »von Grund auf«, »grundlegend« verstanden werden.

5 Anm. z. Ü.: »Ausgesetztsein gegenüber den Unbilden der Witterung« übersetzt hier den Begriff *intempèrie*, der wörtlich die Unbeständigkeit und Ungunst der Witterung bezeichnet und gewöhnlich im Ausdruck *a la intempèrie* gebraucht wird, der die Situation der Blöße, des schutzlosen Ausgesetztseins gegenüber den rauen Witterungsverhältnissen meint.

6 Anm. z. Ü.: Im Original heißt es an dieser Stelle *no reflectir – no especular –, sinó reflexionar*; während das Verb *reflectir* und das Adjektiv *especular* mit *spiegeln*, bzw. *spiegelnd* übersetzt werden können, bedeutet *especular* als Verb jedoch *spekulieren*. Die Begriffe *reflectir* und *reflexionar* dagegen werden im Deutschen beide mit *reflektieren* übersetzt.

7 Anm. z. Ü.: »Die Erklärungen zurücknehmen« und (im Folgenden auch) »weniger versuchen, zu erklären« übersetzen den Neologismus *desexplicar*, der sich aus der negierenden Vorsilbe *des* und dem Verb *explicar* (»erklären«) zusammensetzt.

8 Xenophon, *Erinnerungen an Sokrates*, aus dem Griechischen übersetzt von Peter Jaerisch, Düsseldorf/Zürich 2003, IV, 4, 6, S. 283.

9 Angelus Silesius, *Sämtliche poetische Werke in drei Bänden*, Bd. 3, München, S. 7.

10 Im Versuch, die Einzigartigkeit vom lateinischen Ausdruck *quodlibet ens* aus zu bedenken, wählt Agamben den italienischen Begriff *qualunque*, dem im Katalanischen das Pronomen *qualsevol* und im Spanischen *cualquiera* entspricht (im Deutschen kann er mit *irgendein* bzw. *jeder beliebige* oder auch, wie in Andreas Hiepkos' Übertragung, mit *Beliebiges* übersetzt werden; Anm. z. Ü.). Wie Agamben so treffend bemerkt, sollte *quodlibet ens* nicht als *gleichgültig, welches Seiende* verstanden werden, sondern als *das Seiende, das zählt, ganz gleich, welches es auch sein mag* (Hiepkos übersetzt »das Seiende, das allgemein beliebt« Anm. z. Ü.; vgl. Giorgio Agamben, *La commu-*

nità che viene, Turin 1990, S. 3.; in deutscher Übersetzung: Giorgio Agamben, *Die kommende Gemeinschaft*, übers. von Andreas Hiepkos, Berlin 2003, S. 9.) Auch wenn sein Vorschlag anregend ist, entscheide ich mich für das einfache *jemand* (*algú*), eine Übersetzung des lateinischen *alicunus*, dessen Reiz gerade darin besteht, Alterität und Einheit miteinander zu verbinden.

11 Anm. z. Ü.: *Rose* und *Erika* als Bezeichnung von Blumen und als weibliche Personennamen ersetzen hier die katalanischen Begriffe bzw. weiblichen Vornamen *lluna*, *violeta* und *alba*.

12 Vgl. Jacques Derrida, *Otobiographies. L'enseignement de Nietzsche et la politique du nom propre*, Paris 1984.

13 Offb. 20, 1–3.

14 Gershom Scholem, *Bekenntnis über unsere Sprache*. Ein Brief an Franz Rosenzweig, zitiert aus: M. Brocke, *Franz Rosenzweig und Gerhard Gershom Scholem*, in: W. Grab, J. H. Schoeps (Hrsg.), *Juden in der Weimarer Republik*, Stuttgart-Bonn 1986, S. 127–152; Anm. z. Ü.: Im katalanischen Text wird auf die französische Übersetzung Stéphane Mosès' verwiesen, aufgenommen in: Jacques Derrida, *Les yeux de la langue*, Paris 2011.

15 Giorgio Agamben, *Il sacramento del linguaggio. Archeologia del giuramento*, Rom 2008.

16 Anm. z. Ü.: Es wird an dieser Stelle der englische Text zitiert und eigens übersetzt, da die deutsche Version Arendts im Wortlaut leicht abweicht. »[…] *natality, and not mortality, may be the central category of political, as distinguished from metaphysical, thought.*« Hannah Arendt, *The Human Condition*, Chicago 1958, S. 9.

17 Anm. z. Ü.: Im Original stehen hier die Verben *sentir-se* und *trobar-se*. Letzteres kann sowohl mit »sich befinden« und »sich vorfinden« als auch mit »sich begegnen« oder synonym zu *sentir-se* mit »sich fühlen« übersetzt werden.

18 Emil Cioran, *Vom Nachteil, geboren zu sein*, Frankfurt am Main 1981, S. 7–22.

19 Lange Zeit waren die ewigen Wahrheiten wiederkehrendes Thema philosophischer Diskussionen, zumindest von Augustin bis Leibniz. Einem Gedanken noch nie zuvor gesehener Radikalität folgend behauptet Descartes, dass die ewigen Wahrheiten im Grunde genommen keine sind: »Sie sind auf die gleiche Weise erschaffen wie alle anderen Wesen« (vgl. Briefe an Marin Mersenne aus dem Jahr 1630). Das Interesse für die überraschende kartesianische *Häresie* stand am Anfang meiner akademischen Laufbahn. Schon mit Descartes bot sich die Gelegenheit, eine Philosophie der Endlichkeit – mit einer begrenzten Vernunft – zu denken, ganz im Gegensatz zu den allmächtigen Philosophien seiner »Nachfolger«.

20 ST I q86 a3.

21 Vgl. Henri Bergson, »Le possible et le réel«, in: *La pensée et le mouvant*, Paris 1950, S. 99–116.

22 Johannes Duns Scotus, *Questiones quodlibetales*, 16, n. 18.

23 Jean-Paul Sartre, *Der Ekel: Gesammelte Werke in Einzelausgaben*, Bd. 1, übers. von Uli Aumüller, Reinbek bei Hamburg 1982. Die folgenden Zitate sind dem Absatz »Sechs Uhr abends« entnommen, S. 144–153.

24 Sartre entfaltet diese Problemstellung im Absatz »Le Pour-Soi et l'Ètre des Possibles« in: *L'Être et le Néant*, Paris 1943.

25 Jean-Paul Sartre, *Der Ekel*, op. cit., S. 194f.

26 Nietzsche, *Zur Genealogie der Moral*, II, »Schuld, schlechtes Gewissen und Verwandtes«, KGW VI.2, 308f.

27 Hannah Arendt, *Op. cit.*, S. 236f.

28 *Ebd.*, S. 244.

29 Hierzu ist besonders der Absatz »Erinnerung und Versprechen« zu beachten; in: Paul Ricœur, *Wege der Anerkennung*, übers. von Ulrike Bokelmann und Barbara Heber-Schärer, Frankfurt am Main 2006, S. 144f.

30 *Ebd.*, S. 166.

31 *Ebd.*, S. 173.

32 Aristoteles, Gen. an., V 2, 781b.

33 Simone Weil, *Œvres complètes*, VI, Bd. 1, Paris 1994, S. 79. Die Zitate sind der Übersetzung Elisabeth Edls und Wolfgang Matz' entnommen: Simone Weil, *Cahiers: Aufzeichnungen*, Bd. 1, München/Wien 1991, S. 64.

34 Andrej Platonov, *Dshan*, übers. von Maria Riwkin, Frankfurt am Main 1980.

35 Anm. z. Ü.: »Faltung des Fühlens« übersetzt *replec del sentir*. Esquirol führt den Begriff in seinem Essay *La penúltima bondat* (2018) näher aus und bringt ihn mit der Idee des *replegament* (»Sich-Sammeln«, »Sich-Zurückziehen«) in Zusammenhang.

36 Anm. z. Ü.: Eigene Übertragung; im Original wird das Gedicht auf Spanisch zitiert: »*Llegó con tres heridas: | la del amor, | la de la muerte, | la de la vida. | Con tres heridas viene: | la del vida, | la del amor, | la de la muerte. | Con tres heridas yo: | la de la vida, | la de la muerte, | la del amor.*

37 »Ich schrieb in den Ufersand | die drei Namen des Lebens: | Leben, Liebe, Tod«, Miguel Hernández, *Gedichte Poemas*, übersetzt von Erich Arendt und Katja Hayek-Arendt, Köln 1965, S. 199.

38 Die vielleicht unverfälschteste Form dieser Redewendung lässt sich in *Der Roman vom weißen Ritter Tirant lo Blanc* ausmachen: »*No ha mal que no vinga per bé*« (»es [gibt] kein Übel, das nicht auch sein Gutes hat«). Joanot Martorell, *Der Roman vom weißen Ritter Tirant lo Blanc*, übers. von Fritz Vogelsang, Buch 1, Kap. CXXXIII, Frankfurt am Main 1990, S. 490. Dieses »für« ist natürlich das des Zwecks. Das besagt, dass nichts Schlechtes geschehe, um nicht (letztendlich, mittelbar) etwas Gutes zu bringen. Dies entspricht größtenteils der – neben anderen – von Augustin ausgedrückten Idee: *ex malo bonum* ›aus dem Schlechten kommt Gutes‹), die dem Satz Senecas widerspricht: *bonum ex malo non fit* (›das Gute kommt nicht aus dem Bösen‹).

39 Anm. z. Ü.: Das Substantiv *gust* wird in diesem Zusammenhang zunächst mit »Genuss« übersetzt und danach mit »Geschmack«, da der Originaltext mit der Bedeutungsvielfalt spielt. In diesem Satz wird er durch *sabor* ergänzt ein Begriff, der ebenso mit »Geschmack« übersetzt wird, sich aber auf die sinnliche Empfindung des Geschmacksinns bezieht. Das dazugehörige Verb *saber* ist wiederum polysem und lässt sich mit »wissen«, »erfahren«, aber auch »schmecken« übersetzen. Im Original wird die Mehrdeutigkeit der Begriffe nicht aufgelöst.

40 Anm. z. Ü.: Da noch keine deutsche Übersetzung des Originaltextes Dagermans vorliegt, haben wir das Fragment eigens übertragen und die spanische Übersetzung als Vorlage genommen, auf die Esquirol in seinem Text Bezug nimmt. Stig Dagerman, *Nuestra necesidad de consuelo es insaciable* …, übers. von Josep M. Caba, Logronyo 2020, S. 7.

41 Primo Levi, *Ist das ein Mensch?, Die Atempause*, übers. von Heinz Riedt, München/Wien 1989, S. 127.

42 Vgl. *Vida y obras de San Juan de la Cruz*, Madrid 1946, S. 922.

43 Paul Verlaine, »Sagesse«, übersetzt von Hannelise Hinderberger, in: *Gedichte*, Gerlingen 1992, S. 167.

44 Obgleich das nicht der gewöhnliche Gebrauch des Begriffes ist, sollte auch das Spanische *asombro* in diesem Sinne verwendet werden. (Anm. z. Ü.: »Überschattung« übersetzt hier *aombrament*, ein Neologismus im Katalanischen der vom Verb *aombrar* abgeleitet wird, das »überschatten«, »verdunkeln« bedeutet. Der spanische Begriff *asombro*, auf den der Autor hier verweist, kann dagegen mit »Erstaunen«, »Verwundung«, »Betroffenheit« übersetzt werden. Wenn er normalerweise auch nicht mit dieser wörtlichen Bedeutung in Verbindung gebracht wird, lässt er sich dennoch vom spanischen Begriff für »Schatten« (*sombra*) herleiten.)

45 ST I–II q41 a4.

46 Emmanuel Lévinas, *Totalité et Infini*, Paris 1978, S. 71.

47 Johannes vom Kreuz, »Die lebendige Liebesflamme«, übersetzt von Ulrich Dobhan, Elisabeth Hense, Elisabeth Peeters, in: *Gesammelte Werke*, Bd. 5, Freiburg/Basel/Wien 2000, S. 48.

48 Spr. 4, 23.

49 Vgl. María Zambrano, »La metáfora del corazón«, in: *Claros del bosque*, Madrid 2011.

50 Anm. z. Ü.: »Schwerpunkt« übersetzt *centre de gravetat*, ein Begriff, der im gewöhnlichen Sprachgebrauch dem physikalischen »Gravitationszentrum« entspricht. Das Wort *gravetat* ist jedoch mehrdeutig, eine Mehrdeutigkeit, die im Folgenden beizubehalten versucht wurde. So wird er mal mit »Schwerkraft« oder »Schwere« im physikalischen Sinn, mal mit »Schwere« im Sinne von »Heftigkeit« bzw. mit »Ernst«, »Ernsthaftigkeit« übersetzt. Im Bereich der Musik bezieht sich *gravetat* übrigens auf die Tiefe eines Tons.

51 Anm. z. Ü.: »Beugung« übersetzt an dieser Stelle *curvatura*. Das Substan-

tiv sowie das Verb *corbar* wird in diesem Kapitel je nach Satzzusammenhang mal mit »Krümmung« bzw. »krümmen« und mal mit »Beugung« bzw. »beugen« oder auch »Biegung« bzw. »biegen« übersetzt.

52 Gen. 9, 16.

53 Anm. z. Ü.: Im Original erscheint an dieser Stelle der Ausdruck *fer alguna cosa de bo*, der, wie der Autor selbst in einem nächsten Satz erklärt, zwei Bedeutungsebenen hat: Durch die Wortfolge *alguna cosa de bo* kann er sowohl so verstanden werden, dass *etwas Gutes* getan wird, als auch, dass etwas *wahrhaftig* bzw. *richtig* oder *gut* getan wird.

54 Anm. z. Ü.: Im Original erscheinen hier die deutschen Begriffe »Sorge« und »Dasein«.

55 Vgl. Martin Heidegger, *Sein und Zeit*, Frankfurt am Main 1977, § 41.

56 Miguel Hernández, *Op. cit.*, S. 165.

57 Anm. z. Ü.: »Halten« übersetzt den Begriff *mantenir*, dem im Deutschen eine ganze Reihe Verben mit dieser Wurzel entsprechen: »erhalten«, »behalten«, »aufrechterhalten«, »unterhalten« im Sinne von »versorgen«, »beibehalten«, »(sein Wort) einhalten«, aber auch eine Maschine »warten« bzw. »instandhalten«.

58 Anm. z. Ü.: Der Begriff *manobres* setzt sich aus den Worten *mà* (»Hand«) und *obra* (»Werk«) zusammen und wird im gewöhnlichen Sprachgebrauch mit »Maurergehilfe« übersetzt. Um den Aspekt des Bauens sowie den des Gehilfen beizubehalten, wurde die Übersetzung »Bauwerker« gewählt.

59 Xenophon, »Oikonomikos«, in: *Sokratische Schriften*, übers. von Klaus Meyer, Westerburg 1975, VIII, 20.

60 Anm. z. Ü.: Anstelle des Ausdrucks »Die Tür bleibt offen« steht im Original wörtlich »Die angelehnte Tür ist offen«, da *ajustar la porta* die »Tür anlehnen« bedeutet. Das Verb *ajustar* wird hier mit »ausrichten« übersetzt, hat jedoch je nach Kontext viele verschiedene Bedeutungen. So kann es auch mit »anpassen«, »angleichen«, »zusammenrücken« oder »auf etwas abstimmen« übersetzt werden. In Bezug auf den Frieden kann man es mit »aushandeln« oder auch »vereinbaren« übertragen.

61 Federico García Lorca, »die stille/der stille«, in: *sorpresa, unverhofft*, übers. von José F. A. Oliver, Berlin, S. 15.

62 Anm. z. Ü.: Der Begriff *silenci* bezeichnet sowohl die *Stille* als auch das *Schweigen* und wird hier in beiden Bedeutungsebenen verwendet. Der Ausdruck »Stille wahren« übersetzt *guardar el silenci*, was sowohl »schweigen« als auch »Stillschweigen über etwas bewahren« bedeutet. In diesem Zusammenhang ist er jedoch wörtlich zu nehmen, entspricht also dem Verb »schweigen«.

63 Anm. z. Ü.: Im Original wird das Gedicht aus dem Spanischen zitiert, das wir hier eigens übersetzt haben: »*Es la hospitalidad. Es el origen | de la fiesta y del canto. | Porque es tan sólo | palabra hospitalaria: la que salva | aunque deje la herida. Y el amor es tan sólo | herida hospitalaria, aunque no tenga cura*«;

Claudio Rodríguez, »Oda a la hospitalidad«, in: *Poesía completa (1953–1991)*, Barcelona 2014, S. 215.

64 Nietzsche, *Götzen-Dämmerung oder Wie man mit dem Hammer philosophirt*, »Sprüche und Pfeile«, 33, KGW VI.3, 58.

65 Martin Buber, *Ich und Du*, Ditzingen 2020, S. 13.

66 Anm. z. Ü.: Eigene Übertragung aus dem Französischen: »*Le sens suprême de la fonction fantastique, dressée contre la destinée mortelle, est donc l'euphémisme. C'est-à-dire qu'il y a en l'homme un pouvoir d'amélioration du monde*«; Gilbert Durand, *Les structures anthropologiques de l'imaginaire*, Paris 1959, S. 469.

67 Immanuel Kant, *Kritik der Urteilskraft*, AA V 314.

68 Vgl. Hugo Mújica, *Lo naciente. Pensando el acto creador*, Valencia 2007, S. 86.

69 Anm. z. Ü.: In deutscher Übersetzung erschien das Buch unter dem Titel *Ermutigung zum unzeitgemäßen Leben: Ein kleines Brevier der Tugenden und Werte*.

70 Anm. z. Ü.: Zitat aus dem Katalanischen übertragen; Francesc d'Assís, Clara d'Assís, *Escrits*, ins Katalanische übersetzt von Francesc Gamissans, Barcelona 1993, Nicht bullierte Regel, IX, 11, S. 63.

71 Anm. z. Ü.: Zitat aus dem Katalanischen übertragen; Tomàs de Celano, *Francesc i Clara d'Assís*, Version von Francesc Gamissans, Barcelona 1991, Vida primera, § 38, S. 67.

72 Anm. z. Ü.: Zitat aus dem Katalanischen übertragen; Vgl. *Anònim de Perusa* in: *Llegendes de Sant Francesc d'Assís*, Version von Francesc Gamissans, Barcelona 1996, 38c.

73 Michel Foucault, *Der Mut zur Wahrheit: Die Regierung des Selbst und der anderen II*, übers. von Jürgen Schröder, Berlin 2019, S. 240.

74 Peter Sloterdijk, *Du mußt dein Leben ändern*, Frankfurt a. M. 2009, S. 485.

75 Jacqueline de Romilly, *La douceur dans la pensée grecque*, Paris 1979.

76 Isokrates, *Sämtliche Werke, Reden IX–XXI*, »Loblied auf Helena«, § 37, übers. von Christine Ley-Hutton, Stuttgart 1993, S. 28.

77 Platon, *Phaidros*, 268d (Übersetzung: Paulsen und Rehn).

78 Platon, *Phaidon*, 88e-89a (Übersetzung: Zehnpfennig); vgl. Platon, *Kriton*, 43b.

79 1 Thess. 2, 5–7.

80 Vgl. Johannes Klimakus & Elias, *Die Leiter zum Paradiese*, übers. von Franz Sales Handwercher, Landshut 1834.

81 Spinoza, Ethik IV, schol. 1 zu prop. 37 (Übersetzung: Stern).

82 Italo Calvino, *Die unsichtbaren Städte*, übers. von Heinz Riedt, München 1986, S. 192.

83 Obwohl man beim Interpretieren so mancher Texte besonders vorsichtig sein sollte, ist es ganz offensichtlich, dass ich der Ermahnung, mit der Nietzsche seine *Götzen-Dämmerung* beendet, nicht folgen kann: »*Diese neue Tafel,*

oh meine Brüder, stelle ich über euch: werdet hart!« (Nietzsche, *Götzen-Dämmerung oder Wie man mit dem Hammer philosophirt*, KWG VI.3, 157.). Die Weisheitsliteratur, der ich sehr wohl folge, hat das verhärtete Herz gewöhnlich mit spiritueller Blindheit in Verbindung gebracht, die dazu führt, nicht zu verstehen; mit der freiwilligen Taubheit, die dazu führt, nicht zuzuhören; sowie mit der Bosheit, die dazu führt, die Hölle zu verbreiten.

84 Johannes Klimakus & Elias, *Op. cit.*, S. 333.

85 *Ebd.*, S. 336.

86 Theodor W. Adorno, »Erziehung nach Auschwitz«, in: *Gesammelte Schriften*, Bd. 10.2, *Kulturkritik und Gesellschaft II, Stichworte*, Frankfurt am Main 1977, S. 688.

87 Gaston Bachelard, *L'air et les songes*, Paris 1992, S. 195.

88 George Bataille, *Die innere Erfahrung nebst Methode der Meditation und Postskriptum 1953 (Atheologische Summe I)*, übers. von Gerd Bergfleth, München 1999, S. 110.

89 Anm. z. Ü.: Eigene Übersetzung der Verse, die im Original aus dem Spanischen zitiert werden: »*Porque ese cielo azul que todos vemos, | ni es cielo ni es azul. ¡Lástima grande | que no sea verdad tanta belleza!*«.

90 Jes. 40, 22.

91 Cézanne zitiert in: Kurt Badt, *Die Kunst Cézannes*, München 1956, S. 42.

92 Anm. z. Ü.: Aus dem Französischen übertragen: »*Le bleu est l'obscurité devenue visible*«; »*Le bleu est l'obscurité devenant visible*«; Gaston Bachelard, *Op. cit.*, S. 196.

93 Anm. z. Ü.: Im Original heißt es *donar llum* (»Licht schenken«, »Licht geben«) was dann durch *donar cel* (»Himmel schenken«) ersetzt wird.

94 Marià Villagómez Llobet, »Despertar«, in: *Obres completes: Poesia*, Bd. 1, Barcelona 1986, S. 83; Anm. z. Ü.: eigene Übertragung des Gedichts.

95 Apk. 21,1.

96 Simone Weil, *Op. cit.*, S. 66.

97 René Magritte zitiert in: Wieland Schmied (Hg.), *René Magritte (13. Nov. 1887 – 14. Feb. 1988), Kunsthalle der Hypo-Kulturstiftung*, München 1987, S. 31.

98 »Adieu!« (*adéu, adéu-siau*) zu sagen, ist das Gleiche wie »Auf Wiedersehen«, denn Gott ist wie die Brücke der unglaublichen Wiederbegegnung. Bis zum Wiedersehen, bis dass wir uns *dank* Gott wiederbegegnen.

99 Voltaire hat seinem Gedicht *Poème sur le désastre de Lisbonne* den Untertitel *Examen de cet axiome: Tout est bien* (»Prüfung jenes Grundsatzes ›Alles ist gut‹«) gegeben. Er richtet sich darin vor allem an die »Philosophen, getäuscht, [die] sagen: ›Alles ist gut‹«; Voltaire, »Gedicht über die Katastrophe von Lissabon«, in: Wolfgang Breidert, *Die Erschütterung der vollkommenen Welt: Die Wirkung des Erdbebens von Lissabon im Spiegel europäischer Zeitgenossen*, Darmstadt 1994, S. 61.

100 Walter Benjamin, »Über den Begriff der Geschichte«, *in: Gesammelte Schriften*, Bd. I.2, These IX, Frankfurt am Main 1991, S. 697–698.

101 Womöglich geht die Argumentation Thomas' von Aquin zu weit, was ihn dazu bringt, gegen jede Intuition zu behaupten, dass die Engel sich nicht über das Leid der Menschen betrübten, die sie hüteten (vgl. ST III q113 a7). Benjamin hat recht: Wenn es Engel gibt, dann fühlen sie ganz sicher mit, und deshalb tun sie sich mit den Menschen zusammen im gleichen Kampf gegen das Böse.

102 Vgl. Ernst Bloch, »Gruß und Schein«, in: *Spuren*, *Gesamtausgabe*, Bd. I, Frankfurt am Main 1969, S. 175–179.

103 *Ebd.*, S. 175.

104 Vgl. Walter Benjamin, »Zur Kritik der Gewalt«, in: *Op. cit.*, Bd. II.1, S. 179–203; Jacques Derrida, *Force de loi*, Paris 1994, S. 47f.

105 Jes. 9,5.

106 Nietzsche, *Der Antichrist*, § 30, KGW VI.3, 198.

107 Simone Weil, *Op. cit.*, S. 111.

108 Anm. z. Ü.: Im Original heißt es an dieser Stelle »*en la república de les lletres lligades*« (wörtlich: »in der Republik der verbundenen Buchstaben«, ein Wortspiel mit der Bezeichnung *Republic of Letters* (Res pública literaria).

PERSONENREGISTER